손자병법의 새로운 이해

손자병법의 새로운 이해

초판 1쇄 인쇄	2023년 05월 15일
초판 1쇄 발행	2023년 05월 31일

신고번호	제313-2010-376호
등록번호	105-91-58839

지은이	송진호

발행처	보민출판사
발행인	김국환
기획	김선희
편집	이상문
디자인	김민정

ISBN	979-11-6957-042-8	03140

주소	경기도 파주시 해올로 11, 우미린더퍼스트@ 상가 2동 109호
전화	070-8615-7449
사이트	www.bominbook.com

- 가격은 뒤표지에 있으며, 파본은 구입하신 서점에서 교환해드립니다.
- 이 책은 저작권법에 의하여 보호를 받는 저작물이므로 무단 전재와 복사를 금합니다.

孫子에게 한국의 외교전략과 군사전략을 묻다

손자병법의 새로운 이해

송진호 지음

孫子兵法

| 책을 집필하며 |

시중에는 많은 《손자병법》에 관한 책들이 출판되어 있다. 그러나 대부분의 서적들은 《손자병법》의 구성인 제1편 시계(始計)에서부터 제13편 용간(用間)까지 손자병법의 구성 순서에 따라 그 내용을 소개하고 해설하는 형식을 취하고 있다. 그러나 이러한 기술 방식으로는 《손자병법》의 시대를 초월한 위대함을 느끼기 힘들고, 또 《손자병법》의 심오한 내용을 현대의 전략·전술과 연결시켜 사고하기가 쉽지 않다. 이에 필자는 《손자병법》의 사상체계를 현대적 시각에서 재해석하였다.

현대전의 군사 전략·전술과 국제정치학적 이해를 바탕으로 《손자병법》에 새롭게 접근하고, 《손자병법》을 재해석하고자 하였다. 《손자병법》을 읽다 보면 누구나 한두 번은 이런 의문을 가졌을 것이다. '이 내용은 화공(火攻)과 관련이 없는 것 같은데 왜 여기에 쓰여 있지?'라고 말이다. 《손자병법》에서는 어떤 문장과 앞뒤의 문장 내용이 서로 논리적으로 연결되지 않는 것도 종종 발견되는데, 필자는 《손자병법》의 각 문장을 그 문장이 속해 있는 각 편의 틀 속에서 이해하지 않고, 《손자병법》 전체의 문장을 현대 군사 전략·전술, 국제정치학적 시각을 바탕으로 완전히 해체하고 재구성하여 연결시키고자 하였다. 지금까지의 《손자병법》에 대한 해석과 접근방법과는 완전히 다른, 이런 필자의 새로운 접근에 대해 일부에서는 이의를 제기할 수도 있겠지만, 이러한 새로운 접근과 해석은 매우 의미 있는 시도라고 생각된다. 필자의 이러한 접근과 연구가 《손자병법》에 대해 새로운 시각을 갖게 하고, 《손자병법》의 재발견에 기여하기를 바랄 뿐이다.

나는 13년간 보병장교로서 군복무를 한 후 소령으로 전역하였다. 군인의 삶과는 다른 법조인의 길을 가고 싶었기에 전역하겠다는 어려운 결단을 내렸던 것이다. 전역 후 늦은 나이에 사법고시 준비를 시작했고, 운이 좋게 2년이라는 짧은 시기에 합격할 수 있었다. 연수원을 졸업한 후에는 지금까지 변호사로서의 삶을 살고 있다. 변호사를 하면서도 나는 언제가 꼭 한 번 손자병법에 대한 책을 집필하리라 마음먹어 왔다. 나의 군 경험과 군사지식들, 그리고 정치학 석사학위를 받고 육군3사관학교에서 생도들에게 국제관계학을 가르치면서 연구했던 국제정치학적 지식들을 종합해 《손자병법》을 새롭게 해석해보고 싶었다. 변호사들에게 매년 1, 2월은 비교적 시간적으로 여유로운 시기이다. 법원에서는 1, 2월에는 가능한 재판을 잡지 않기 때문이다. 올해 1월이 왔을 때, 나는 드디어 글을 쓰기로 마음을 먹었다. 오로지 집필에 전념할 수 있는 기간은 1, 2월 두 달뿐이었지만, 그동안 틈틈이 구상하고 연구해온 바를 풀어쓴다면 어느 정도 책을 완성할 수 있을 거라 생각했다. 그리고 완성했다. 평소에 군사에 대한 지식과 경험, 그리고 국제정치학적 지식과 손자병법에 대한 이해가 없었다면 남의 책을 베끼는 것도 아닐진대, 어떻게 두 달 만에 책을 쓸 수 있었겠는가? 그만큼 이 책은 오랜 동안의 많은 연구와 구상 아래 집필되었음을 말해두고 싶다. 내가 이루고자 했던 바를 이렇게 결과물로 내놓게 되니, 인생의 하나의 목표를 이뤘다는 생각에 깊은 기쁨을 느낀다.

2023년 3월에
송진호 변호사

| 추천사 |

"놀라운 손자병법의 재해석과 접근"

송진호 변호사와의 인연의 시작은 아주 오래전이었다. 내가 육사 25기이고, 송진호 변호사가 육사 50기이니 내가 25년 선배다. 1995년 내가 육군 소장으로 진급한 후 육군 제7보병사단 사단장으로 부임을 할 때, 당시 송진호 변호사는 중위로 7사단 수색대대 소대장을 하고 있었다. 사단장 부임과 동시에 송진호 변호사는 내 전속부관이 되었다. 그것이 송진호 변호사와의 첫 인연이었다. 당시 나는 25년 후배에게 많은 것을 가르치고 싶었다. 일부러라도 전술토의나 현장지도를 갈 때 늘 전속부관이 그 내용을 경청할 수 있도록 했고, 가끔은 그 내용을 질문해서 대답을 못하면 혼을 냈던 기억도 있다. 송진호 변호사는 지금도 자신의 전략과 전술에 대한 관심은 나의 가르침으로부터 시작되었다고 하니 고마울 따름이다.

얼마 전 송진호 변호사와 전화로 안부를 주고받다가 자신이 책을 썼는데, 추천사를 써줄 수 있냐는 부탁을 받았다. 그래서 무슨 책을 썼냐고 물어보았는데, 손자병법에 관한 책을 썼다고 하길래 상당히 의외라고 생각했다. 아무리 군생활을 했어도 오래전 일이고 지금은 변호사인데 손자병법에 관한 글을 썼다니 의아했다. 일단 추천사를 써주기로 하고 송진호 변호사로부터 원고를 받아 내용을 읽어보았다. 송진호 변호사의 원고를 읽어가면서 나는 너무도 깜짝 놀랐다. '대체 어떻게 이런 글을 썼지?'라는 감탄사가 나왔다. 손자병법에 대한 놀라운 접근방법과 그 지식의 깊이에 말문이 막힐 정도였다. 손자병법의 사상체계를 온전히 이해하고, 또 현대전의 전략·전술을 완전히 이해하지 못한다면 쓸 수 없는 내용이었다. 손자병법의 사상체계를 도식화하고, 부전승 사상의 방법론과 그 실제 예들은 어떤 책에서도 볼 수 없는 내용이었다. 더욱이 군사적으로 현대전의 기본 전법인 기동전을 통해 손자병법을 재해석하였는데, 믿을 수 없는 접근과 분석이었다. 단 한 번도 본 적이 없는 접근과 해석이었다. 기동전에 대한 고도의 전문적인 지식이 없는 한 쓸 수 없는 내용이었는데, 송진호 변호사의 글을 읽으면서 이런 생각을 가지게 되었다. '내 전속부관을 끝마친 후에 전역할 때까지 대체 어떤 군생활을 한 거야?'라고 말이다. 송진호 변호사가 참모와 중대장을 하고, 또 국방정책·군사외교·군사전략을 담당하는 정책형 장교로 선발되어 국내 대학 대학원 정치학과에서 위탁교육으로 석사학위를 받은 후 육군3사관학교에서 몇 년 동안 생도들을 가르친 것은 알고 있었지만, 그런 것을 했다고 해서 쓸 만한 내용이 아니었다. 그만큼 송진호 변호사는 참모와 지휘관을 하며 군사 분야의 깊이 있는 연구와 적용 등 부단한 노력을 하였을 것이다.

우리 군에서 손자병법과 기동전의 교리를 심도 있게 이해하고 설명할 수 있는 장교가 과연 몇 명이나 될까? 하는 생각을 가져본다. 또 손자병법을 통해 국제정치를 설명한 경우가 있었는가? 하는 생각도 해보았다. 송진호 변호사의 글을 읽으면서 손자병법을 새로운 시각으로 보게 되었고, 손자병법 각 문구의 깊은 의미에 대해 좀 더 고민할 수 있는 계기가 되었다. 독자들은 이 책을 통해 손자병법에 대한 이해와 더불어 현대전의 기본 전법인 기동전에 대한 이해, 더 나아가 한국의 외교전략에 대한 이해까지 모두 얻을 수 있을 것이라는 생각이 든다. 장교들이 반드시 이 책을 읽고 군인으로서 반드시 갖추어야 할 기본적인 국제정치학적 지식과 깊은 군사전략·전술 지식을 습득할 수 있었으면 한다.

2023년 3월 22일
제31대 합동참모본부의장 (예)대장 김종환

| 목차 |

책을 집필하며   4
추천사   7

Chapter 01   손자병법의 사상체계   12
Chapter 02   전쟁 신중론   26
Chapter 03   부전승 사상   35
Chapter 04   속전속결 전략   91
Chapter 05   지피지기와 오사칠계   154
Chapter 06   정보 획득과 보안   184
Chapter 07   지휘통솔   195
Chapter 08   전투기술 등   203
Chapter 09   선승구전   224

〈부록〉 손자병법 원문   228

Chapter 01
손자병법의 사상체계

손자에게 물었다.
"손자병법은 전쟁에서 승리하는 방법만을 기술한 책인지요?"

손자가 대답했다.
"아니다."

《손자병법》에 대한 기존의 잘못된 접근들 : 《손자병법》 제1편 시계(始計)편 첫 문장의 중요성

《손자병법》 제1편 시계(始計)편

孫子曰, 兵者 國家之事, 生死之地, 存亡之道, 不可不察也.
손자왈 병자 국가지사 생사지지 존망지도 불가불찰야

손자가 말하길, 兵은 국가의 중대한 일이고, 국민 생사의 일이며, 또 국가의 존망의 길이니 신중히 살피지 않으면 안 된다.

《손자병법》은 제1편 시계(始計)편의 위 문장으로부터 시작된다. 위 문장이 아주 짧기에 쉬운 문장으로 생각될 수도 있다. 그러나 실은 이 문장을 이해하고 해석하는 것은 그렇게 단순한 것이 아니다. 이 한 줄의 짧은 문장을 올바로 이해하고 해석하지 못한다면, 《손자병법》에 나타난 손자의 사상체계를 온전히 이해할 수 없기 때문이다. 위 문장의 해석, 특히 위 문장에서 첫 글자 '兵'의 올바

른 이해와 해석이 없이는 《손자병법》의 올바른 이해와 해석도 불가능하다. '兵'의 의미를 어떻게 해석하느냐에 따라 《손자병법》의 다른 문구 해석도 달라질 수밖에 없다. 또한 '兵'에 대한 해석과 이해에 따라 손자병법의 사상체계까지 달라진다. 요즘이야 경제·경영, 인간관계, 처세 등 모든 분야에서 《손자병법》을 논하지만, 우리는 《손자병법》의 본질을 이해할 필요가 있다. 우리는 흔히 아무런 고민 없이 《손자병법》을 전쟁에서의 승리를 위한 지침서 정도로만 이해하고 있는데, 이는 매우 잘못된 것이다.

위 문장에서의 '兵'의 의미에 대해 대부분의 학자들이나 군사전문가들은 '전쟁'으로 해석한다. 즉 "전쟁은 국가의 중대한 일이고, 국민 생사의 일이며, 또 국가의 존망의 길이니 신중히 살피지 않으면 안 된다"로 해석한다. 전쟁이란 사전적 의미로는 '국가와 국가, 또는 교전단체 사이에 무력을 사용하여 싸움하는 것'을 말한다. 즉 국가 또는 단체 간에 물리적·유형적·군사적 충돌을 말한다. 그렇다면 학자들이나 군사전문가들은 《손자병법》을 물리적·유형적·군사적 충돌을 전제로 한 전쟁에서 승리하는 방법을 논한 서적이라고 보고 있는 것이다. 그러나 이는 '兵'의 개념을 매우 협소하게 해석하고 이해한 것이다. 손자가 '兵'을 전쟁으로 생각하였다면, '兵' 대신 처음부터 '戰'이라는 단어를 사용했을 것이다. 《손자병법》 대부분에서는 물리적·유형적·군사적 충돌로서의 '전쟁'이라는 의미로 '戰'이라는 글자를 주로 사용하였기 때문이다. 시계(始計)편 첫 문장의 '兵'이라는 글자를 단순히 전쟁으로 해석한다면, 우리는 《손자병법》을 물리적·유형적·군사적인 충돌인 전쟁에서 승리하는 법을 기술한 책으로 이해할 수밖에 없게 되고, 이는《손자병법》의 사상체계를 너무 좁게 해석하고 이해하는 것이다.

《손자병법》에서 '兵'은 전쟁, 병력, 병기, 병사, 군사, 무력의 지배, 전투력 등의 다양한 의미로 사용되었다. 그러나 이런 기존의 '兵'의 해석보다 더 포괄적인 의미로 해석해야 하는 부분이 있다. 《손자병법》 제3편 모공(謀攻)편에서는 손자의 핵심사상 '부전승(不戰勝) 사상'을 설명하는 문장이 나온다.

《손자병법》 제3편 모공(謀攻)편

故上兵伐謀, 其次伐交, 其次伐兵, 其下攻城. 攻城之法
고 상 병 벌 모   기 차 벌 교   기 차 벌 병   기 하 공 성   공 성 지 법
爲不得已.
위 부 득 이

고로 상책의 兵은 적의 계략을 분쇄하는 것이고, 그 다음 방법으로는 적의 외교 관계를 무력화시키는 것이며, 그 다음 방법으로 적의 병력을 공격하고, 가장 안 좋은 방책은 적의 성을 공격하는 것이다. 성을 공격하는 것은 부득이한 경우만 한다.

이 문장에서 첫 구절의 '兵'은 적국의 의도와 계략을 분쇄하고, 적국의 외교 및 군사동맹 관계에 대한 행위·대책까지 모두 포함하는 개념으로 사용되고 있다. 우리가 상식적으로 생각하는 전쟁이 유형적·물리적·군사적 충돌이라는 점에 비추어 보면 '伐兵'의 단계부터가 우리가 생각하는 일반적인 전쟁으로 볼 수 있고, 적국

의 계략을 분쇄하고 외교관계, 군사동맹 관계를 무력화시키는 '伐謀·伐交'단계는 일반적인 전쟁의 개념은 아니다. 따라서 시계(始計)편 첫 문장의 '兵'을 전쟁으로 해석하는 것은 매우 부자연스러우며, 문맥에 맞지 않는 해석이다. 다만 셋째 구절 '伐兵'에서의 '兵'은 우리가 흔히 사용하는 '兵'의 의미인 군대, 병력 등의 의미로 사용되었다. 또한 모공(謀攻)편에서는 위의 문장에 뒤이어 아래의 문장이 나온다.

《손자병법》 제3편 모공(謀攻)편

故善用兵者, 屈人之兵 而非戰也, 拔人地城 而非攻也,
고 선 용 병 자   굴 인 지 병   이 비 전 야   발 인 지 성   이 비 공 야
毀人之國 而非久也, 必以全爭於天下. 故兵不頓而利可全,
훼 인 지 국   이 비 구 야   필 이 전 쟁 어 천 하   고 병 불 둔 이 리 가 전
此謀攻之法也.
차 모 공 지 법 야

고로 兵을 잘하는 자는, 적을 굴복시킴에 싸우지 않고, 성을 빼앗되 공격하지 않으며, 적국을 무너뜨리되 오랜 전쟁으로 하지 않고, 반드시 온전함으로 천하를 다투는 것이다. 고로 병력의 손실도 없이 그 이익을 온전히 취할 수 있는데, 이것이 공략하는 방법이다.

이 문장의 첫 구절에서의 '兵'도 물리적·유형적·군사력의 충돌이 아닌 그 상위개념을 의미한다고 볼 수 있다. 따라서 이를 '전쟁'으로 좁게 해석하는 것은 문장의 전체적인 맥락과 맞지 않다. 위 문장에서 '兵'을 일반적 해석인 '전쟁'으로 해석하면, 전쟁이란 물리적·유형적·군사력의 충돌인데, '전쟁을 잘하는 자는 싸우지 않고 적을 굴복시킨다'라는 뜻이 되는데, 문장 그 자체로 모순되기 때문이다.

《손자병법》과 클라우제비츠의 《전쟁론》

《손자병법》 시계(始計)편 첫 문장 '兵'의 의미는 클라우제비츠[1]의 《전쟁론》에서 해답을 얻을 수 있다. 필자의 견해로는 이를 가장 잘 이해한 사람은 클라우제비츠이다. 클라우제비츠는 그의 저서 《전쟁론》에서 전쟁의 개념을 '적을 굴복시켜 자기의 의지를 강요하기 위해 사용하는 일종의 폭력행위'라고 정의하면서 '전쟁은 정치적 행동일 뿐 아니라, 하나의 정치적(외교적) 수단이며, 다른 수단에 의한 정치적(외교적) 교섭의 계속에 지나지 않는다'라고 정의 내린 바 있다. 대부분의 학자나 군사전문가들은 클라우제비츠가 내린 전쟁의 정의와 《손자병법》의 시계(始計)편 첫 문장 '兵'의 의미가 어떤 연관이 있는 것인지에 대해 의문을 가질 것이다.

클라우제비츠는 '전쟁'을 물리적·유형적·군사적 충돌로 한정하였다. 그 외 군사동맹 관계를 무력화시킨다거나, 자원, 경제 등으

---

1 Karl von Clausewitz, 1780. 6. 1.~1831. 11. 16. 프로이센 왕국의 군인이자 군사학자. 나폴레옹 시대의 탁월한 전략가 중 한 명이자 서양 최초의 군사 사상가이자 철학자라 불리는 인물. 그의 저서 《전쟁론》은 아시아의 《손자병법》과 더불어 시대를 초월한 군사전략서로 꼽힌다.

로 적국의 의지를 꺾고 자국의 의지를 관철시키는 방법은 전쟁의 범주에서 제외했다. 클라우제비츠가 내린 '전쟁'의 정의는 동서고금을 막론하고 언제나 일관되게 관통한다. 이에 대해 클라우제비츠의 시대와 손자의 시대가 다르고, 또 현재의 시대와도 다르기에, '전쟁'이라는 의미와 정의를 시대에 따라 달리 해석하고 이해해야 한다고 누군가 주장할 수도 있다. 그러나 전쟁의 양상이 바뀌었을 뿐 전쟁의 개념과 정의는 변하지 않았다. 클라우제비츠가 제시한 정치(외교)와 전쟁 간의 관계, 그리고 적국의 계략과 외교관계를 분쇄하는 것까지도 '兵'으로 바라본 손자의 관점에 비추어 보면,《손자병법》제1편 시계(始計)편 첫 문장의 '兵'이라는 글자의 의미를 단순히 '전쟁'으로 해석하는 것은 무리가 있다. 전쟁은 정치의 연속·수단이라는 클라우제비츠의 개념 정의에 비추어 보면,《손자병법》 시계(始計)편 첫 문장에서 말하는 '兵'은 전쟁이 아닌 클라우제비츠가 말하는 '정치'로 이해되는 것이 타당하다. 클라우제비츠가 말한 '정치'는 우리가 흔히 알고 있는 정치인들의 정치가 아니다.

클라우제비츠가 말하는 '정치'란 국가 간의 이해충돌에서 비롯된 갈등과 분쟁이 있고, 그 갈등과 분쟁을 해결하기 위해서는 국가의 의지를 적국에게 강요해야 하는데, 그 강요 수단으로서 전쟁을 포함한 국가의 모든 활용 가능한 수단, 즉 전력(全力)을 동원·사용하는 것을 말한다고 볼 수 있다. '국가 간의 분쟁상황에서 적국을 굴복시키고 자국의 의지를 적국에 관철시키기 위해 전쟁을 포함한 국가의 전력(全力)을 동원하고 사용하는 것'이 바로 클라우제비츠가 말하는 '정치'라고 이해될 수 있다. 클라우제비츠는 국가의 의지를 적에게 강요하는 것을 '정치의 목적'으로, 물리적 폭력인 전쟁을 '정치의 수단' 중 하나로 이해했다. 손자가 시계(始計)편 첫 문장에의 '兵'과 '부전승 사상'을 설명하며 사용한 '兵'은 클라우제비츠가 말하는 '정치'라는 개념으로 이해해야 한다. 《손자병법》 시계(始計)편 첫 문장의 '兵'의 의미를 클라우제비츠가 말한 '정치'라는 개념으로 이해하지 않고, 단순히 '전쟁'으로 생각한다면, 《손자병법》의 근간이 되는 '전쟁 신중론'과 '부전승 사상'을 설명할 수 없게 된다.

    클라우제비츠는 손자의 《손자병법》 집필 의도와 그 안에 함의된 사상체계를 너무도 잘 이해했다. 따라서 클라우제비츠는 '정치의 하나의 수단'으로서의, 《손자병법》 상의 개념으로 말하면 '兵'의 하나의 방법으로서의 전쟁에 더 방점을 두고 저서를 집필했을 뿐이다. 《손자병법》은 즉 단순히 물리적·유형적·군사적 충돌에서 승리하는 방법만을 기술한 책이 아니다. 대부분의 학자들이나 군사전문가들은 《손자병법》을 전쟁에서 승리하는 방법을 기술한 책으로만 이해하면서, 이러한 잘못된 인식하에 클라우제비츠의 《전략론》과 《손자병법》을 동일선상에서 비교하곤 하였다. 자칭 스스로 군사전문가라고 하는 사람들 중에는, 손자는 부전승 사상을 주창하여 가능한 전쟁을 피하고자 한 반면에, 클라우제비츠는 호전주의자라는 황당한 주장을 하기도 한다. 그러나 클라우제비츠의 《전략론》은 물리적·유형적·군사적 충돌인 전쟁 없이 적을 굴복시키지 못할 때, 즉 여러 정치적 방법 중 전쟁을 선택할 수밖에 없는 경우에, 그 승리하는 법을 기술한 것뿐이지,《손자병법》과 전혀 다른 별개의 사상체계를 두고 집필된 것이 아니다.

그렇다면 최종적으로《손자병법》시계(始計)편 첫 문장의 해석은 다음과 같아야 한다.

"적국과의 분쟁상황에서 자국의 의지를 적국에게 관철시켜 적을 굴복시키고자 모든 수단들 즉, 국가의 전력(全力)을 동원하는 것은 국가의 중대한 일이고, 국민 생사에 관한 일이며, 또 국가 존망과 관련된 일이니, 신중히 여러 수단을 잘 살피지 않으면 안 된다."

"더 나아가 여러 수단 중 전쟁은 그 폐해가 크니 가능한 전쟁을 하지 말고 적국을 굴복시키는 방법을 잘 강구해야 한다."

이와 같이 이해하고 해석하는 것이《손자병법》내 모든 문장들의 유기적 연관성을 잘 설명할 수 있고, 또한 손자의 사상체계를 이해하고 해석하는 데 가장 적합한 것이다. 이러한 해석에 대해 다른 한쪽에서는,《손자병법》은 제목 그대로 손자가 지은 '兵書'인데, '兵書'는 전쟁에 관한 전략·전술을 기재한 서적으로 보아야 하고, 따라서 손자가 스스로 '兵法'이라고 제목을 정한 이상,《손자병법》을 전쟁이라는 범주를 넘어서 이해하고 해석하는 것은 과한 것이라는 주장을 할 수도 있다. 그러나 이러한 주장은 손자가 살았던 중국 춘추시대라는 시대적 배경을 이해하면 납득할 수 있는 문제이다.

중국 춘추시대에서의 '兵'의 의미

　우리가 《손자병법》을 전쟁에서 승리하는 방법을 기재한 단순한 병서로 이해하고, 시계(始計)편 첫 문장 '兵'의 개념을 '전쟁'으로 이해하는 것은 '孫子兵法'이라는 제목에서 오는 선입견 때문일 것이다. 즉 《손자병법》은 '兵書'이고 따라서 그 사상적 체계는 '전쟁'에 한정된다는 생각이다. 그러나 이러한 선입견은 손자가 살았던 중국 춘추시대[2]라는 시대적 상황을 이해함으로써 해소될 수 있다. 특히 손자가 활동했던 중국 춘추시대는 각 국가들의 끊임없는 군사적 분쟁이 이어졌던 무한분쟁의 시대였다. 당시 존왕양이(尊王攘夷)[3]를 기치로 하여 패권을 장악한 제후가 회맹을 열어 제후들을 소집하면서 패자(霸者)로서 지역질서를 장악하였는데, 중국 춘추시대에는 5명의 패자가 유명했다. 이를 일컬어 춘추 5패[4]라고 하였다. 중국 춘추시대 패자(霸者) 중 제환공(齊桓公)에게는 관포지교(管鮑之交) 고사의 주인공 중 한 명인 관중의 개혁정치가 있었고, 진문공(晉文公)은 20년 가까이를 고국을 떠나 망명생활을 했을 때 옆

2　BC 770년 주나라(西周)가 이민족의 공격으로 수도를 호경(鎬京)에서 동쪽의 낙양(洛陽)으로 천도한 시기를 기점으로 하여 BC 403년에 진(晉)나라의 대부(大夫)인 한(韓)·위(魏)·조(趙) 삼씨가 진나라를 분할하여 제후로 독립할 때까지의 시대를 말한다.

3　고대 중국 춘추시대(春秋時代) 주(周) 왕실의 천자(天子)를 받들어 높이고, 오랑캐(夷狄)를 무찌른다는 의미로, 즉 중화사상(中華思想)의 관점에서 사방으로부터 중화세계로 쳐들어오는 이민족들을 물리쳐 주나라 황실을 보호하고 높이 떠받든다는 뜻이다.

4　제(齊)나라의 환공(桓公), 진(晉)나라의 문공(文公), 초(楚)나라의 장왕(莊王), 오(吳)나라의 왕 합려(闔閭), 월(越)나라의 왕 구천(勾踐)을 가리키는데, 한편 진(秦)나라의 목공(穆公), 송(宋)나라의 양공(襄公)이나 오나라 왕 부차(夫差) 등을 꼽는 경우도 있다.

을 지켰던 훌륭한 인재들과 함께 스스로 개혁정치를 펼쳤다. 초장왕(楚莊王)은 위오와 손숙오를 두었고, 진목공(秦穆公)은 오고대부로 유명한 백리해와 건숙을 두어 개혁정치를 펼쳤다. 오왕 합려(吳王 闔閭)는 오자서와 《손자병법》을 지은 손무를 등용하였다. 이들은 모두 각 제후국의 지방행정제도, 조세제도, 군제개편, 인구제도와 통계, 경제정책 등에 개혁을 이루었고, 이 모든 것들의 궁극적인 지향점은 개혁을 통한 군사력 증강이었다. 당시 군사력이야말로 패자가 되기 위한 필수 불가결한 것이었기 때문이다. 따라서 군사력만이 국가의 국력으로 평가하는 시기였고, '전력(全力) ≒ 군사력'이라는 공식이 성립되는 시기였다. 즉 국가 간의 분쟁을 해결하는 데 있어 전쟁은 거의 유일한 수단이었다. 따라서 '兵'이라는 용어를 사용한 것은 시대적으로 당연한 것이었다.

현대 국제사회에서의 국력은 조셉 나이(Joseph Samuel Nye, Jr.)[5]가 정의한 바에 따른다면, Hard Power(경성권력)와 Soft Power(연성권력)로 나눌 수 있다. Hard Power는 군사력, 경제력, 자원 등의 유형력으로 적국을 'Push' 할 수 있는 힘으로 이해할 수 있고, Soft Power는 문화, 이데올로기 등으로 다른 나라를 'Pull' 할 수 있는 힘으로 이해된다. 손자가 살았던 춘추전국시대는 Hard Power만이 중요한 시대였고, Hard Power의 가늠은 오로지 군사력이었다. 따라서 중국 춘추시대라는 시대적 배경을 이해한다면, 비록 손자가 '兵法'이라 이름 지었지만, 《손자병법》은 오로지 전쟁에서의 전략·전술 또는 물리적·유형적·군사적 충돌인 전쟁 수행 방법만을 위한 것은 아니라, 국가 간 분쟁을 해결하기 위해 자국의 의지를 적국에게 강요하여 적국을 굴복시키는 방법을 기재한 것으로 이해해야 한다.

---

[5] 1937년생. 미국 프린스턴大 학사, 영국 옥스퍼드大 석사, 미국 하버드大 박사 학위. 현재 하버드대 국제관계학과 석좌교수. 비대칭적 상호의존, 소프트 파워 등의 개념을 처음으로 창시하였다. 세계에서 가장 영향력 있는 국제정치학자 중 하나로 평가받고 있다. 조셉 나이는 그의 저서(Bound to Lead : The Changing Nature of America Power)에서 파워(힘)를 '자신의 목적을 달성하는 능력'이라고 정의하고, 그것을 '지배력'과 '흡수력'의 2가지로 구분하였다. 전자는 '자신이 원하는 것을 상대에게 하도록 하는 힘'으로 주로 군사, 경제력 등의 유형의 자원을 기초로 한 것이다. '흡수력'이란 '자신이 원하는 것을 상대도 원하도록 하는 힘'으로 보편적인 문화, 이데올로기, 국제체제 창설 능력 등의 무형의 자원이라는 '소프트 파워'에 의한 것이라고 하였다.

'兵'의 의미와 《손자병법》의 사상체계

'兵'의 의미를 위와 같이 '전쟁'이 아닌 클라우제비츠가 말한 '정치'라는 개념으로 이해한다면, 《손자병법》은 전쟁에서의 승리만을 위해 작성된 것이 아니다. 이러한 관점에서 보면 《손자병법》 사상체계는 크게 다섯 부분으로 나누어지게 된다. 첫째는 '전쟁 신중론'과 '선승구전(先勝求戰)'에 관한 부분이다. 둘째, '외교전략' 부분이다. 《손자병법》에서 '부전승(不戰勝) 사상'과 그 방법론에 대한 기술이 이에 해당한다. 셋째는 '군사전략' 부분이다. '속전속결(速戰速決) 전략'과 그 방법론에 대한 기술이 이에 해당한다. 넷째, '지휘통솔'과 '전투기술·전술' 부분이다. 지휘통솔의 방법과 실제 전투에서 적용할 수 있는 전투기술을 기재한 부분이다. 다섯째, '피아 정보분석'과 '정보획득·보안' 부분이다. 오사칠계(五事七計)라는 적과 나를 비교·분석하는 지표와 이러한 분석의 기초가 되는 적 정보는 어떻게 획득할 수 있는지 등에 대한 기술이 이에 해당한다. 이처럼 《손자병법》은 전쟁이 발생하기 전 단계에서의 외교전략, 전쟁발발 시에 군(army)에서부터 분·소대에 이르기까지 모든 군사작전에서 일관되게 적용될 수 있는 군사전략, 전투에서 적용될 수 있는 전투기술과 병사들을 지휘통솔하는 방법, 그리고 이 모든 것의 기초가 되는 피아 정보분석 및 정보획득 방법에 이르기까지 그 체계를 가지고 기술된 서적이다.

Chapter 02
전쟁 신중론

손자에게 물었다.
"손자병법에서 제일 먼저 말씀하고 싶은 것은 무엇입니까?"

손자가 대답했다.
"전쟁이 백성에게 주는 폐해를 생각하여,
전쟁을 결정함에는 신중하라는 것이다."

손자의 전쟁 신중론

　지금까지 군사전문가들을 포함한 대부분의 사람들은 《손자병법》을 단순히 전쟁에서 승리하는 방법을 기술한 책으로 이해하면서, 또 '이기는 방법'에 중점을 두고 《손자병법》에 접근하였다. '어떤 유명한 장군이 전쟁을 수행하면서 손자병법을 손에서 놓지 않았다'라던지, '손자병법으로부터 전쟁 수행방법을 배워 승리했다'라고 말하는 식이다. 《손자병법》의 위대함을 논하면서 자신들이 연구한 전사 등을 《손자병법》과 연결지어 말해오곤 하였다. 지금도 《손자병법》에 대한 우리의 접근은 변하지 않았다. 그러나 이러한 접근은 손자가 《손자병법》을 통해 말하고자 했던 바를 심히 왜곡하는 것이며, 《손자병법》의 진정한 의미를 퇴색시키는 것이다. 《손자병법》의 기저에 있는 가장 우선시되는 사상은 '적을 이기는 방법', 즉 '적을 굴복시키는 방법'이 아니라, 바로 '전쟁 신중론'이라는 점을 우리는 먼저 깨달아야만 한다. 손자는 전쟁에서 승리하는 방법을 논하기에 앞서 전쟁이 국민에게 주는 폐해가 얼마나 심한지를 강조하면서, 전쟁을 일으킴에는 신중해야 한다는 점을 말하고자 하였다. 따라서 손자는 《손자병법》에서 국가 간의 갈등과 분쟁상황에서 전쟁이라는 수단을 선택하기에 앞서 싸우지 않고 이기는 방법을 먼저 강구할 것을 강조하였던 것이다. 즉 '전쟁 신중론'은 《손자병법》 내의 모든 사상에 앞서는 손자가 가장 우선적으로 말하고 있는 사상이다. 아래 문구는 《손자병법》 제12편 화공(火攻)편 맨 마지막 문장이다. 아래의 문장이 비록 제12편 화공(火攻)편에 기재되어 있기는 하나, 실질적으로는 《손자병법》을 끝맺는 마지막 문장으로 보아야 한다. 《손자병법》에서 전쟁 일반을 논하는 마지막 문장이기 때문이다.

《손자병법》 제12편 화공(火攻)편

夫戰勝攻取, 而不修其功者凶, 命曰費留. 故曰 明主慮之,
부 전 승 공 취　이 불 수 기 공 자 흉　명 왈 비 류　　고 왈　명 주 려 지
良將修之. 非利不動, 非得不用, 非危不戰.
량 장 수 지　비 리 부 동　　비 득 불 용　　비 위 불 전

무릇 싸워 이기고 공격하여 취했어도, 그 공(승리의 결과, 전쟁의 목적)을 닦지(지키지, 성취하지) 못하면 흉하고, 이름하여 치러야 할 비용이 남았다[1]고 하는 것이다. 그러하기에 이르기를 현명한 군주는 그것을 염려하고 훌륭한 장군은 이를 신중히 생각한다. 이익이 없으면 군대를 움직이지 말고, 이득이 아니면 군대를 쓰지 말아야 하며, (국가가) 위태롭지 않으면 전쟁을 해서는 안 된다.

1) 費留 : 더 투입하여야 할 전쟁 비용이 남아 있는 것으로, 쓸데없이 경비를 쓰고 군대를 오래도록 주둔시키는 것을 말한다.

主不可以怒而興師, 將不可以慍而致戰, 合於利而動,
주 불 가 이 노 이 흥 사　장 불 가 이 온 이 치 전　합 어 이 이 동

不合於利而止.
불 합 어 이 이 지

군주가 일시적인 분노를 참지 못하여 군사를 일으켜서는 안 되며, 장수는 화가 난다고 싸움에 이르러서는 안 된다. 이익에 합하면 움직이고, 이익에 맞지 않으면 그쳐야 한다.

怒可以復喜, 慍可以復悅, 亡國不可以復存,
노 가 이 부 희　 온 가 이 부 열　 망 국 불 가 이 부 존
死者不可以復生. 故曰 明主慎之, 良將警之.
사 자 불 가 이 부 생　 고 왈 명 주 신 지　 양 장 경 지
此安國全軍之道也.
차 안 국 전 군 지 도 야

성난 것은 다시 기뻐질 수 있고, 화난 것은 다시 기뻐질 수 있지만, 나라가 망하면 다시 존재할 수 없고, 죽은 사람은 다시 살아날 수 없다. 그러하기에 이르기를 현명한 군주는 이를(전쟁을) 삼가고, 훌륭한 장수는 이를(전쟁을) 경계한다. 이것이 국가를 안전하게 하고, 군대를 보전하는 방법이다.

    손자가 《손자병법》의 집필을 끝마치면서 마지막에서 강조하고 싶었던 것은 '전쟁 신중론'이다. 전쟁에서 승리하였어도 그 전쟁을 일으킨 목적을 달성하지 못한다면, 그 전쟁 목적을 달성할 때까지 적으로부터 빼앗은 지역 등에서 군대가 계속 주둔을 해야 하므로 비용은 계속 들어가고, 그로 인해 부역을 통해 그 비용을 감당해야 할 백성들의 고통은 더욱 심해지고, 아울러 나라의 재정도 점점 어려워지니, 이겨도 이긴 것이 아닌 상태가 된다는 것이다. 이러한 위험이 있기에 군주나 장수는 이익을 따져 전쟁이라는 수단을 선택할지 여부를 신중히 살펴야 하고, 일시적인 분노와 원한으로 전쟁을 일으켜서는 안 된다는 것이다. 일단 전쟁을 일으키면 국가가

망할 수도 있고, 백성의 많은 수가 죽게 되기 때문이다.

위 문장들은 《손자병법》 첫 시작 문구 "兵者 國家之大事 生死之地 存亡之道 不可不察也"와 상응한다. 손자는 첫 문장에서는 "적국과의 분쟁상황에서 자국의 의지를 적국에게 관철시켜 적을 굴복시키고자 여러 수단을 동원하는 것은 국가의 중대한 일이고, 국민 생사에 관한 일이며, 또 국가 존망과 관련된 일이니, 신중히 여러 수단을 잘 살피지 않으면 안 된다"라고 하였다. 손자는 《손자병법》 말미에서 그 여러 수단들 중에서 전쟁은 백성들에게 미치는 그 폐해가 크니 삼가할 것을 강조하고 있는 것이다. '전쟁 신중론'이야말로 모든 사람들이 이구동성으로 손자 사상의 핵심이라고 말하는 '부전승 사상'보다 우선시하는, 손자가 《손자병법》을 통해 가장 우선적으로 강조하고자 했던 사상이라 할 수 있다. 우선 손자는 전쟁을 하기 위해서 갖추어야 할 병력과 소요경비에 대해 《손자병법》 제2편 작전(作戰)편에서 설명하고 있다.

《손자병법》 제2편 작전(作戰)편

孫子曰, 凡用兵之法 馳車千駟, 革車千乘, 帶甲十萬.
손자왈   범용병지법   치차천사   혁차천승   대갑십만
千里饋糧, 則內外之費, 賓客之用, 膠漆之材, 車甲之奉,
천리궤량   즉내외지비   빈객지용   교칠지재   차갑지봉
日費千金. 然後十萬之師擧矣.
일비천금   연후십만지사거의

손자가 말하기를, 무릇 용병의 법은(전쟁을 하려면) (그 규모가) 치차[1] 1,000대, 혁차[2] 1,000대, 대갑[3] 10만 명이 있어야 한다. 천리에 식량을 보내려면, 곧 국내

외 사용하는 경비, 빈객(외교사절) 접대 비용, 교칠[4]의 재(정비·수리용 자재), 수레와 병기의 보충에 하루 천금이 소비된다. 그런 후에야 십만의 병사를 일으킬 수 있다.

1) 치차(馳車) : 고대 말이 끄는 전차
2) 혁차(革車) : 수송용의 작은 수레
3) 대갑(帶甲) : 갑옷을 입은 병사(중무장병)를 말함
4) 교칠(膠漆) : 고대 병기인 활과 기타 병기를 만드는 데 쓰이는 아교와 옻칠

전쟁을 하려면 전차가 1,000대, 수송용 수레가 1,000대, 무장병사가 10만 명 있어야 하는데, 이를 갖추고 출정하는 경우 그 출정이 백성들에게 어떤 영향을 미치는가에 대해서는 《손자병법》 제13편 용간(用間)편에서 기술하고 있다.

《손자병법》 제13편 용간(用間)편

孫子曰, 凡興師十萬 出征千里, 百姓之費 公家之奉
손자왈 범흥사십만 출정천리 백성지비 공가지봉
日費千金, 內外騷動, 怠於道路, 不得操事者七十萬家.
일비천금 내외소동 태어도로 부득조사자칠십만가

손자가 말하길, 무릇 군사 십만을 일으켜서 천리를 출정가면, 백성의 비용(부담)과 공가(국가)의 재정이 하루 천금이나 소비되고, 국내외적으로 소란하게 되며, (백성들은 군량과 보급품을 운반하느라) 도로에 지쳐 있게 되어, 일(생업)을 잡을 수(종사할 수) 없는 자가 칠십만 호[1]나 된다.

1) 정전법(井田法) : 10만의 군사를 일으켜 전쟁을 한다면 70만 호가 그 부역을 해야 하는데, 이는 중국의 고대 병역제도인 '민호(民戶) 제도'에 의한 것이다. '1井'의 단위는 8戶로 구성되는데, 1개 호에서 1명의 병사가 나오면 나머지 7개의 호에서 노역을 제공하게 된다. 따라서 10만 명의 병사는 70만 호가 부역을 해야 하는 것이다.

정전법에 따라 1명의 병사를 일반 백성 7가구가 부역해야 하므로, 10만 명을 편성하기 위해서는 부역하는 70만 호가 필요한 것이고, 결국 70만 호의 백성들은 전쟁이 끝나기 전까지 전쟁물자를 준비하고 수송하느라 생업을 하지 못하게 된다는 것이다. 또한《손자병법》제2편 작전(作戰)편에서는 다음과 같이 전쟁이 국민과 국가에게 얼마나 많은 폐해를 가져다주는지 기술하고 있다.

《손자병법》 제2편 작전(作戰)편

國之貧於師者遠輸, 遠輸則百姓貧. 近於師者貴賣,
국 지 빈 어 사 자 원 수   원 수 즉 백 성 빈   근 어 사 자 귀 매
貴賣則百姓財竭, 財竭則急於丘役.
귀 매 즉 백 성 재 갈   재 갈 즉 급 어 구 역

국가의 (재정) 빈곤은 군사를 멀리 보내기 때문인데, 군사를 멀리 보내면 곧 백성이 가난해진다. 군대가 가까우면[1] 비싸게 팔고(물가가 오른다), 비싸게 팔면(물가가 오르면) 곧 백성들의 재물이 고갈되며. 재물이 고갈되면 구역[2]이 급해진다 (곤란해진다).

1) 근어사(近於師) : ① 군대 주둔지에 가까운 곳, ② 전쟁이 가까워지는 시기, 두 가지로 해석이 가능하다.
2) 구역(丘役) : 공동 작업하여 국가에 바치는 부역(정전법에 의한 7戶의 공동 부역)

力屈財殫, 中原內虛於家, 百姓之費十去其七. 公家之費,
역 굴 재 탄   중 원 내 허 어 가   백 성 지 비 십 거 기 칠   공 가 지 비
破車罷馬, 甲冑, 弓矢, 戟楯, 矛櫓, 丘牛大車 十去其六.
파 차 피 마   갑 주   궁 시   극 순   모 로   구 우 대 차   십 거 기 육

힘(국력)이 다하고 재물이 고갈되면, 중원(국가)의 안은 텅 비게 되어, 백성의 수입은 십에서 그 칠을 제하게 된다.[3] 공가(국가)의 비용, 파괴된 전차와 피로한 말, 갑옷(甲)과 투구(冑), 활(弓)과 화살(矢), 큰 창(戟)과 작은 방패(楯), 작은 창(矛)과 큰 방패(櫓), 큰 소(丘牛)가 끄는 큰 수레(大車)는 10에 6은 잃게 된다.

3) 십거기칠(十去其七) : 10의 7, 수입의 70%를 세금으로 빼앗기게 된다.

군대 주둔지 부근 또는 전쟁이 가까워짐에 따라 군수물자 소요가 증가하므로 당연히 물가가 오르게 된다. 그 오른 물가를 기준으로 물건을 구입해서 부역을 해야 하는 백성들은 더 가난해지는 것이다. 하루에 천금이 소요되는 10만 군대의 출정으로 나라의 재정 상태도 악화되어 결국 나라의 재정은 고갈되고, 재정을 충당하기 위해 백성들로부터 과도한 세금을 부과하여 세금을 거둬들이게 되는데, 그 비율이 백성이 얻는 수입의 70%나 된다는 것이다. 백성들은 부역하느라 생업에 종사할 수 없고, 또 물가가 오른 상태에서 더 많은 돈을 주고 부역물자를 구입하여야 하며, 수입의 70%를 세금으로 다 빼앗기니 백성들의 고충은 이루 말할 수 없음을 설명하고 있다. 이런 어려움 속에서도 전쟁에서 승리한다 해도 그 목적하는 바를 이루지 못하면 그 전쟁 비용은 계속 들어가니 승리해도 승리했다고 할 수 없으므로 전쟁을 일으키려거든 그 이익을 잘 따져 신중해야 한다는 것이다.

《손자병법》에서는 위와 같이 여러 편에 걸쳐 전쟁이 주는 폐해에 대해 논하고 있고, 그 폐해를 국가나 제후(지배층)보다는 백성·국민을 중심으로 논하고 있다는 것을 알 수 있다. 손자의 이런 '전쟁 신중론'은 '부전승 사상'과 더불어 당시 백성을 사랑하는 '애민정신'에서 비롯된 것이며, 손자는 당시 군주나 제후 또는 국가 자체를 우선시하기보다는 국민을 우선시하였는데, 이를 통해 우리는 손자의 민본주의 사상을 엿볼 수 있다. '전쟁 신중론'은 모든 학자들이나 군사전문가들의 《손자병법》의 정수라고 하는 '부전승 사상'

이전에 손자가 '왜 부전승 사상을 주창하였는지' 그 이유를 알 수 있는 근본 배경인 것이다.

Chapter 03
부전승(不戰勝) 사상

손자에게 물었다.
"적국과의 분쟁상황에서
가장 먼저 생각해야 할 것은 무엇입니까?"

손자가 대답했다.
"전쟁의 폐해가 크므로 가능한 싸우지 않고
적을 굴복시키는 방법을 찾아야 한다."

'부전승(不戰勝) 사상'에 관한
《손자병법》의 기술

　손자는 《손자병법》 모공(謀攻)편에서 주로 '부전승 사상'에 관하여 기술하였다. '百戰百勝 非善之善者也 不戰而屈人之兵 善之善者也' 바로 이 문장은 《손자병법》 모든 문장 중 손자의 사상을 가장 핵심적으로 표현한 정수로 꼽힌다. '부전승 사상'이 《손자병법》의 핵심이라는 점은 모든 학자, 군사전문가들의 공통된 의견이다. '부전승 사상'은 '전승(全勝) 사상'이라고 볼 수 있는데, 자국뿐만 아니라 적국 그 자체 및 적국의 병력까지 그대로 온전하게 보전한 상태에서 승리하는 것이 최선이라는 것이다. 손자가 가장 중요하게 생각하는 것은 '전쟁 신중론'에 따라 자국의 의지를 적국에게 강요하여 자국의 뜻대로 적국이 행동하도록 만듦으로써 적국과의 분쟁을 해결하는 것이지, 적국을 정복하는 것이 아닌 것은 분명하다.

《손자병법》 제3편 모공(謀攻)편

孫子曰, 凡用兵之法, 全國爲上, 破國次之. 全軍爲上,
손자왈 범용병지법 전국위상 파국차지 전군위상
破軍次之. 全旅爲上, 破旅次之. 全卒爲上. 破卒次之.
파군차지 전여위상 파여차지 전졸위상 파졸차지
全伍爲上, 破伍次之.
전오위상 파오차지

손자가 말하되, 兵(적국과의 분쟁상황에서 자국의 의지를 적국에게 관철시키고자 여러 수단을 동원)을 함에 있어서는, 적국(아국)을 온전히 보전[1]케 하는 것이 먼저이고, 적국을 파괴하는 것이 다음이다. 적(아군)의 군[2]을 온전케 하는 것이 먼저이고, 적의 군을 파괴하는 것은 다음이다. 적(아군)의 여를 온전케 하는 것이 먼저이고, 적의 여를 파괴하는 것이 다음이다. 적(아군)의 졸을 온전케 하는 것이 먼저이고, 파괴하는 것이 다음이다. 적(아군)의 오를 온전케 하는 것이 먼저이고, 적의 오를 파괴하는 것이 다음이다.

1) '全'의 대상이 누구인가에 대해서는 여러 학자, 군사전문가들의 여러 해석이 존재한다. ① 아국이라는 견해와 ② 적국이라는 견해, ③ 아국과 적군을 모두 지칭한다는 견해이다.
2) 군(軍) : 12,500명, 사(師) : 2,500명, 여(旅) : 500명, 졸(卒) : 100명, 오(伍) : 5명

是故百戰百勝 非善之善者也. 不戰而屈人之兵
시고백전백승 비선지선자야 부전이굴인지병
善之善者也.
선지선자야

고로 백번 싸워 백번을 이기는 것은 최선의 좋은 것이 못 된다. 싸우지 않고 적을 굴복시키는 것이야말로 최선의 좋은 것이다.

故善用兵者, 屈人之兵而非戰也,
고선용병자 굴인지병이비전야
拔人地城 而非攻也, 毀人之國 而非久也,
발인지성 이비공야 훼인지국 이비구야
必以全爭於天下. 故兵不頓 而利可全, 此謀攻之法也.
필이전쟁어천하 고병불둔 이리가전 차모공지법야

고로 兵(적국과의 분쟁상황에서 자국의 의지를 적국에게 관철시키고자 전쟁을

포함한 여러 수단을 동원)을 잘하는 자는, 적국을 굴복시킴에 싸우지 않고, 성을 빼앗되 공격하지 않으며. 적국을 무너뜨리되 오랜 전쟁으로 하지 않고, 반드시 온전함으로 천하를 다투는 것이다. 고로 병력의 손실도 없이 그 이익을 온전히 취할 수 있는데, 이것이 공략하는 방법이다.

부전승(不戰勝)의 방법론

《손자병법》에 대한 주석서를 포함하여 지금까지《손자병법》에 대해 기술한 모든 서적들 중《손자병법》에서 손자가 제시한 '부전승 사상'의 구체적 방법론을 제시한 것은 없었다. 단순히《손자병법》의 핵심사상은 '부전승 사상'이라고 강조만 하였을 뿐, "대체 어떻게 부전승을 할 것인가?"에 대해서는 누구도 손자가《손자병법》에서 말한 바를 알지 못했고,《손자병법》에 이러한 내용이 기재되어 있다는 사실조차 알지 못했다. 즉 손자의 '부전승 사상'을 관념적으로 인식하여 온 것이다.《손자병법》에서 손자가 제시한 부전승 방법론을 해석해내려면, 군사적 전문지식뿐만 아니라, 국제정치학에 대한 이해도 필요하다. 손자가 제시한 부전승의 영역은 클라우제비츠가 말한 정치(외교) 영역이기 때문이다. 지금까지《손자병법》에 관한 어떠한 서적에서도 언급된 바 없지만, 손자는《손자병법》안에서 '부전승 사상'의 구체적인 실천방안에 대해 언급하였고, 본 필자가《손자병법》에서 손자가 언급한 부전승 방법을 처음으로 정리하고 구체화하여 논하게 되었다. 먼저《손자병법》제3편 모공(謀攻)편에는 아래와 같이 기술하고 있다.

《손자병법》 제3편 모공(謀攻)편

故上兵伐謀, 其次伐交, 其次伐兵, 其下攻城, 攻城之法,
고 상 병 벌 모　기 차 벌 교　기 차 벌 병　기 하 공 성　공 성 지 법
爲不得已.
위 부 득 이

고로 상책의 兵(적국과의 분쟁상황에서 자국의 의지를 적국에게 관철시키고자 전쟁을 포함한 여러 수단을 동원)은 적의 의도·계략을 분쇄하는 것이고, 그 다음 방법으로는 적의 외교관계를 무력화시키는 것이고, 그 다음 방법으로 적의 병력을 직접 공격하고, 가장 하급의 방법은 적의 성을 공격하는 것이다. 성을 공격하는 것은 부득이한 경우만 한다.

위 문장에서 언급된 '伐謀', '伐交', '伐兵', '攻城' 중 '伐謀'와 '伐交'가 손자가 우선적으로 언급한 부전승의 방법론에 해당한다. 즉 적국의 계략을 분쇄하고, 적국의 군사동맹 관계를 무력화시키는 것이다. 또한《손자병법》제8편 구변(九變)편에는 아래와 같이 세 가지의 적국(제후)을 굴복시키는 방법을 기술하고 있다. 첫째 해(害)로써 적국을 굴복시키는 방법, 둘째 업(業)으로 적국을 사역시키는 방법, 셋째 이(利)로써 적국이 이를 쫓게 하는 방법을 논하고 있다.

《손자병법》 제8편 구변(九變)편

是故屈諸侯者以害, 役諸侯者以業, 趣諸侯者以利.
시 고 굴 제 후 자 이 해　역 제 후 자 이 업　추 제 후 자 이 리

이런고로 해(손해, 공포감)로써 제후(제후국, 적국)을 굴복시키고,[1] 업(대규모 토목공사 등)으로써 제후(제후국, 적국)을 사역시키고, 이익으로써 제후(제후국, 적국)을 달리게(쫓게) 하여야 한다.

1) '불리한 상태에 빠지게 함으로써 굴복시키고'라고 해석하기도 한다.

대부분의 '부전승 사상'에 관한 내용은 제3편 모공(謀攻)편에서 기술되고 있기에, 제8편 구변(九變)편에서 기술된 이 문장의 의미에 대해서는 많은 학자들이나 군사전문가들은 그 취지를 이해하지 못해왔다. 그래서 위 문장에 대해 다양한 해석이 존재하고 있다. 이러한 이유는 《손자병법》의 첫 번째 문장, '兵者 國之大事 生死之地 存亡之道 不可不察也'에서 '兵'의 의미를 '전쟁'으로 축소 해석했기 때문이다. 즉 《손자병법》을 전쟁에서 승리하기 위한 지침서로만 이해했기 때문에 《손자병법》에 나온 문구들이 모두 전쟁원칙, 전투기술의 방법만을 설명하는 것이라는 선입견을 갖게 된 것이다. 그러나 '兵'의 의미를 이 책에서처럼 확장한다면 《손자병법》의 문구들은 달리 해석될 수 있고, 손자의 '전쟁 신중론'과 '부전승 사상'을 설명할 수 있게 되는 것이다. 지금까지 많은 학자들과 군사전문가들이 구변(九變)편 위 문장과 '부전승 사상'이 서로 관련이 있다는 점에 대해서 전혀 이해할 수 없었던 것은 《손자병법》을 '전쟁'이라는 범주에서만 해석하려 했기 때문이다. 구변(九變)편의 위 문장은 부전승을 이룰 수 있는 구체적인 방법을 제시하고 있는 문장으로 이해되고 해석되어야 한다. 비록 전투 시 각 부대가 지켜야 할 전투기술에 관한 내용이 주를 이루는 구변(九變)편에 기재되어 있지만, 이 문장은 그 대상이 적 부대를 상대하는 전투기술이 아니라 적국 또는 적의 제후를 대상으로 한 것이기 때문이다. 국제정치학적 시각에서 본다면 위 문장은 매우 중요한 문장이다. 기원전 시대를 살았던 손자가 국제정치학 분야에서 매우 중요한 현대의 국제정치학 이론들을 제시하고 있기 때문이다.

위의 모공(謀攻)편과 구변(九變)편의 내용을 종합하면, 손자가 제시한 부전승의 구체적인 실천방법은 다음과 같다. 모공(謀攻)편에서는 ① 적국의 의도·계략을 분쇄하는 벌모(伐謀), ② 적국의 외교관계·군사동맹 관계를 무력화시키는 벌교(伐交)의 방법을 제시하였고, 구변(九變)편에서는 ③ 해(害)로써 적국을 굴복시키는 방법, ④ 업(業)으로 적국을 사역시키는 방법, ⑤ 이(利)로써 적국이 이를 쫓게 하는 방법을 제시하였다.

벌모(伐謀)는 적국의 의도·계책을 분쇄시키는 것에서 확장하여 적국의 전쟁의지를 무력화시키는 것도 포함된다고 보아야 한다. 벌교(伐交)는 적국의 외교관계·군사동맹 분쇄뿐만 아니라, 아국이 타국과 동맹관계를 수립하여 적국을 굴복시키는 방법도 포함된다. 손자가 살았던 중국 춘추전국시대에는 소진의 합종책과 장의의 연횡책[6]이 벌교(伐交)의 대표적 사례라 할 것이다. 전쟁을 하고자 하는 국가는 측후방에 위치한 국가들과 우호관계를 맺어 측후방을 안정시킨 후, 전투력을 전쟁을 치루고자 하는 상대국에 오로지 집중하려 할 것이지만, 그 상대국은 적국의 측후방 국가로 하여금 적국을 견제토록 하여 자국으로의 전투력 집중을 힘들게 하거나 애

6　소진의 합종책은 진(秦)나라에 대항하기 위해 6국(한·위·조·초·연·제나라)이 정치·군사 동맹을 맺는 외교전략을 말한다. 이 합종책 때문에 진(秦)나라는 15년 동안 중국의 동쪽, 즉 중원으로 진출할 수 없었다. 연횡책은 6국의 정치·군사 동맹인 합종책을 깨뜨리기 위해 장의가 주장한 것으로, 진(秦)나라가 여섯 제후국과 개별적으로 정치·군사 동맹을 맺는 외교전략을 말한다. 즉, 진(秦)나라가 6국과 개별적인 외교관계를 맺어 침략하지 않는다는 조건으로 자신들을 섬기도록 한 외교술이다.

초부터 전쟁을 일으키려는 의지를 없애고자 할 것이다. 이러한 벌교(伐交) 사례는 손자가 살았던 중국 춘추전국시대부터 1, 2차 세계대전을 지나 현재에 이르기까지 너무도 많다. 한국은 현재 한·미 군사동맹을 통해 북한의 전쟁 도발을 억제하고, 나아가 중국을 견제하고 있다.

해(害)로써 적국을 굴복시킨다고 함은 현대적으로 해석하면 '억제전략(Deterrence Strategy)'을 말한다. '억제전략'이란 어떤 국가가 침략의도를 가지고 있을 때, 그 침략에 의해서 얻게 되는 이익보다 그 이상의 손해를 받게 될 것이라는 것을 그 국가에게 인식시킴으로써 침략의도를 번의하게 하여 전쟁을 미연에 방지하거나, 또는 전쟁이 발생하였을 경우에는 그 전쟁의 규모나 가열도 등이 확대해 나가는 위험성을 억제하기 위해서 사용되는 방책을 말한다. '억제전략'을 구체화시킨 대표적인 전략으로 '상호확증파괴(MAD, Mutually Assured Destruction)' 전략을 들 수 있다. 이는 미국과 소련 간의 냉전시기에 만들어진 용어이자 핵무기 전략의 기초가 되었다. 전쟁이나 전투의 결과에 상관없이 양측 모두 파괴될 것이 확실한, 한마디로 '나를 공격하면 나만 죽는 것이 아니라 너도 확실히 죽는다'를 말하는 것이다. 적국이 핵공격을 감행했을 때, 아국도 핵공격을 하게 되고, 그러면 상호공멸을 가져올 것이라는 점을 적국에 인식시켜 적국으로 하여금 아국의 이익 침해로 인한 분쟁이 발생하지 못하도록 하고, 나아가 군사적 도발을 하지 못하도록 만드는 것이다. 이를 위해서는 적국의 1차 핵공격을 받고서도 아국이 핵공격으로 반격할 수 있는 '2차 공격능력(Second Strike Capability)'이 매우 중요시되고, 또 2차 공격능력 확보를 위해서는 '핵무기 운송수단(Nuclear Delivery System)'이 매우 중요하다. 이러한 이유로 적의 1차 핵공격으로부터도 비교적 안전을 보장받을 수 있는 전략요소로서 SLBM(잠수함 발사 탄도미사일, Submarine-Launched Ballistic Missile)의 중요성이 매우 강조되었다. 각국이 SLBM을 개발하려는 것은 이러한 이유에서이다. 이후 미국은 MD(Missile Defense) 체제를 개발·발전시키면서, 소련과의 상호확증 파괴의 균형을 깨고자 하였다. 동북아시아에서 한국이 취하고 있는 '고슴도치 전략' 등도 모두 '억제전략'의 하나의 형태이다. 또한 북한이 핵을 개발한 것 역시 이와 같은 전략이다.

　업(業)으로써 적국을 사역시킨다는 것은 국내문제의 일로 적국을 수고스럽게 한다는 뜻이다. 대규모 토목사업 등을 일으키게 하여 적국으로 하여금 재정을 소비하게 함으로써 전쟁을 일으킬 만한 여력이 없도록 만들거나, 그 밖의 적국을 국내 일로 분주하게 만듦으로써 국외 일에 신경 쓸 수 없도록 만드는 것이다. 중국 춘추전국시대에는 적국의 간신을 매수하여 적국의 제후로 하여금 엄청난 비용이 소모되는 궁궐 신축 등 토목사업을 하게끔 하여 국력을 소진케 한 사례를 찾아볼 수 있다. 이러한 형태는 다른 수단으로도 발현된다. 예를 들어 1차 세계대전 기간 중 독일이 레닌을 특별열차에 태워 제정러시아로 보낸 사례가 대표적이다. 레닌이 제정러시아에 들어간 이후 볼셰비키 혁명을 겪게 된 러시아는 국내문제로 더 이상 외부문제에 개입할 여력이 없어졌다. 그 결과 제1차 세계대전 당시 독일은 러시아와의 동부전선에서 40개 사단을 빼내어 서부전선에 투입할 수 있었다. 이렇듯 업(業)은 다양한 형태로 발현될 수 있다.

이(利)로써 적국이 이를 쫓게 한다는 것은 이익을 보여주어 적국의 관심사를 다른 곳으로 돌려 적국이 그것을 쫓도록 만든다는 것이다. 적국에게 이익을 제시하여, 전쟁을 일으키려는 의도를 없애거나, 전쟁을 일으켰을 경우 그 확대를 방지하는 전략이다. 중국 춘추전국시대에는 영토 할양, 진귀한 보물의 제공 등의 방법으로 아국과의 전쟁을 막는 회유책 등이 활발하게 사용되었다. 이(利)로써 적국을 달리게 만드는 방법은 해(害)로써 적을 굴복시키는 방법과 상응한다. 쉽게 전자는 당근전략을, 후자는 채찍전략을 말한다.

기원전 중국 춘추시대를 살았던 손자가 《손자병법》을 통해 현대의 국제정치학 분야에서 사용되는 '억제전략' 등을 강조하였다는 것은, 지금까지도 많은 사람들이 왜 《손자병법》을 읽는지, 왜 읽어야 하는지에 대한 이유가 될 것이다. 또한 현대에 이르러서도 적국과의 분쟁상황에서 전쟁 이외의 방법으로, 적국을 아국의 의도대로 행동하도록 만드는 방법들은 손자가 제시한 이 다섯 가지 범주에서 벗어나지 않는다. 손자가 제시한 다섯 가지의 부전승 방법론, '伐謀·伐交·害·業·利'만으로도 현대 외교전략의 모든 방법을 설명할 수 있는 것이다. 손자가 강조한 '부전승 사상'과 그 구체적인 방법론들이 실제에 어떠한 방법으로 발현되어 왔는지 그 구체적 예를 살펴보면 손자의 '부전승 사상'과 그 방법론을 이해하는 데 도움이 될 것이다.

중국 춘추시대 정(鄭)나라 장공(莊公)의 부전승

《손자병법》에서의 부전승 사상 방법론이 어떠한 방법으로 국가 간의 분쟁 속에서 발현될 수 있는지를 이해하려면, 중국 춘추시대 정(鄭)나라의 장공(莊公, BC 743~701)의 고사를 살펴보면 된다. 중국 춘추시대 정(鄭)나라는 중국 춘추시대 대부분을 특히 초(楚)나라와 진(晉), 제(齊) 나라의 틈바구니 속에서 약소국으로서 명맥을 유지하였다. 마치 구한말 조선과 같았고, 유럽으로 보자면 독일과 러시아(소련) 사이에서 약소국으로서 지내온 폴란드와 같은 처지였다. 그러나 이러한 정(鄭)나라도 중국 춘추시대 초기, 춘추 5패가 나오기 전에 가장 먼저 여러 제후국의 패자로서 등장할 만큼 국력이 강성한 시기가 있었다. 그 시대를 이끈 사람은 정장공이었다. 정장공은 비록 춘추 5패에는 들지 못하나, 탁월한 지략과 용병술로 중국 춘추시대 초기에 가장 먼저 지역의 패자로서 두각을 나타내었다. 정장공 재위기간 중 정(鄭)나라에 대하여 위(衛), 노(魯), 진(陳), 송(宋), 채(蔡) 나라 5개국이 정나라를 공격하여 온 일이 있었다. 이에 신하들과 정장공은 이에 대한 대비를 놓고 회의를 하게 되었다. 여러 신하들 간에는 화의를 청하자는 등 싸우자는 등 의견이 분분했

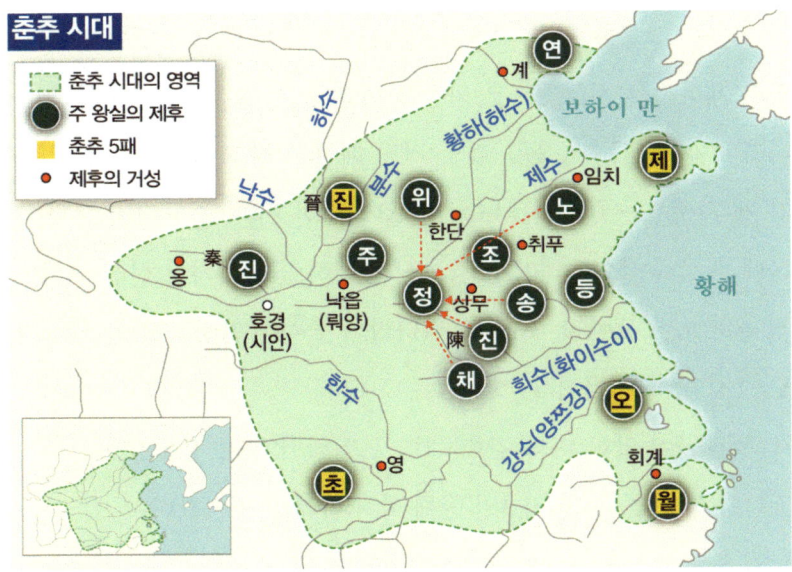

다. 이에 정장공은 웃으면서 다음과 같이 말한다.

"그대들의 의견은 다 좋은 계책이 되지 못한다. 우선 위나라가 우리나라를 치는 그 까닭부터 알아야 한다. 이는 위나라 현재 왕이 자기 형을 죽이고 군위를 찬탈했기 때문에 내부 민심을 수습하고자 하여 과거 우리 정나라와의 일부 원한을 빌미로 쳐들어온 것에 불과하고, 노나라는 공자 휘가 임금을 무시하고 뇌물에 눈이 멀어 위나라에 부화뇌동한 것이다. 다음 진나라와 채나라는 우리 정나라와 원수진 일이 없으니 반드시 싸워야 할 명분도 없다. 다만 송나라는 왕권 다툼에서 밀려난 송나라 공자 빙이 우리 정나라에 망명하고 있는데, 이를 싫어하여 진심으로 위나라에 협력하고 있을 뿐이다. 따라서 일단 송나라 공자 빙을 다른 지역으로 보내면 송나라 군사는 그쪽으로 갈 것이고, 송나라가 다른 곳으로 간다면 진나라와 채나라는 적극적으로 싸움을 하려 들지 않을 것이다. 다만 위나라에 대해서는 싸움을 걸되 거짓 패한 체하고 돌아온다면 위나라 제후 주우는 형을 죽이고 군위를 찬탈한 지가 얼마 되지 않기 때문에 내국이 불안정하므로 반드시 승리하였다고 거짓 선전을 하면서 본국으로 돌아갈 것이다. 위나라가 돌아가면 진나라와 채나라도 즉시 돌아갈 것이다."

정장공이 말한 바와 같이 그대로 실행되었고, 결국 5개 나라는 정나라 앞에 둔을 친 지 3일 만에 각자 나라로 돌아갔다.

정장공은 적의 계략을 분쇄하고, 그 다음 방법으로는 적의 외교·군사 동맹관계를 무력화시켰다. 정장공은 싸우지 않고도 5개국의 공격을 물리쳤다. 《손자병법》에서 말하는 '伐謀, 伐交'가 실제에서 발현된 것이다. 그러나 정장공이 자국의 사정 및 적국의 의도와 사정을 잘 알지 못했다면 이와 같은 부전승을 할 수 있었을까? 따라서 부전승의 구체적 방책은 적국을 분석하고, 아국과 비교하는 것에서부터 얻을 수 있다.

미국의 對소련 봉쇄정책(Containment Policy)

'봉쇄정책'은 미·소 냉전시대 미국정책의 하나로서, 소련이 팽창주의를 저지시키고 공산주의의 확장을 적극적으로 봉쇄하는 것을 말하는 것으로 부전승 사상의 하나의 대표적 사례로 볼 수 있다. 미국은 2차 세계대전 이후 소련의 세력이 팽창하지 못하도록 묶어두는 이른바 '봉쇄전략'(Containment Strategy)을 채택했다. 이는 미국 국무부 외교관이었던 조지 케넌(George Frost Kennan)이 입안한 정책이었다. 조지 케넌은 미국의 외교관이자 역사학자로서 모스크바 대사관 참사관·국무부 정책기획위원장·국무부 고문·주소련대사·주유고대사 등을 역임하였다. 조지 케넌이 모스크바의 미 대사관 최고 책임자로 근무할 당시 미국은 1946년 2월에 주소련 대사관에 소련의 현황과 향후 정세를 분석해 보내라는 훈령을 내렸고, 당시 주소련대사이던 조지 케넌은 2월 말에 '장문의 전문'(Long Telegram)으로 알려진 '소련정세분석서'를 보내게 되었다. 국무부에 보낸 장문의 전문에서 조지 케넌은 '봉쇄정책'을 제안하였다. 미국으로 돌아온 후 조지 케넌은 'X'라는 필명으로 1947년 국제정치학 학술지인 《포린 어페어스(Foreign Affairs)》 7월호에 "소련 행동의 원천(The Sources of Soviet Conduct)"이라는 제목의 논문을 실어 소련 외교의 구조와 성격을 자세히 분석·발표하면서, 이 논문을 통해 조지 케넌은 "공산주의는 내부의 부패로 붕괴할 것이다"라며 공산주의 확산을 억제할 필요는 있으나 공산주의의 붕괴나 변화를 시도할 필요는 없다고 주장한 바 있다. '봉쇄정책'은 핵무기를 통한 '억지전략'과 함께 냉전시대 미국 대외정책의 기조로 자리 잡았으며, 소련이 붕괴할 때까지 바뀌지 않았다.

그렇다면 조지 케넌이 '봉쇄정책'을 주창한 배경은 어디에 있을까? 그것은 소련(러시아)이라는 국가가 가지고 있는 속성을 파악하고 있었기 때문이다. 과거 제정러시아 시기부터 소련, 그리고 현재의 러시아 시기까지 어떤 정권인지, 어떤 이념인지에 상관없이 그들의 정책결정자들은 항상 일관된 성향을 가지고 있었다. 그것은 한마디로 '팽창주의'였다. 조지 케넌은 "소련은 팽창의 욕구와 대외적인 적개심을 가졌기 때문에 미국은 그것을 봉쇄하고 그 내부변화를 기다려야 한다"고 주장하였으며, 그러기 위해서는 "미국의 장기적이며 인내성 있는, 그러나 확고하고 조심스러운 봉쇄정책이 필요하다"고 말하였다.

그러면 소련(러시아)은 왜 '팽창주의'라는 국가 속성을 갖게 되었는가? 그것은 기후·지리적 환경에 기인한 생존을 위한 어쩔 수 없는 선택이었다. 소련(러시아)은 겨울철이 되면 모든 항구가 얼고, 또한 혹독한 추위 속에서 식량 확보 등에 필요한 물품의 수출입을 위해 육상·해상 교통로의 확보가 무엇보다 중요했다. 이러한 육상·해상 교통로 확보를 위한 '팽창주의'는 ① 고립에 대한 강한 두려움과 소련(러시아)를 고립시키려는 세력에 대한 강한 적개심, 그리고 ② 부동항 확보를 위한 노력으로 발현되었다.

'팽창주의'의 대표적 사례로 제정러시아는 1853년부터 1856년 동안 오스만투르크·영국·프랑스·프로이센·사르데냐 연합군과 크림반도·흑해의 패권을 두고 크림전쟁을 벌였다. 2014년 러시아는 우크라이나에서 親러시아 대통령이 축출되고 親서방 세력이 집권

하자, 크림반도에 병력을 배치하고 크림반도 주민들의 투표를 통해 우크라이나로부터 크림반도를 러시아에 병합시킨 바 있다. 19세기 크림전쟁에서는 수많은 희생을 내면서도 승리하지 못했던 것을 2014년에는 싸우지 않고 크림반도를 얻은 꼴이 되었다. 크림반도는 흑해에서의 해상 패권과 지중해 진출을 위해 러시아에게는 매우 중요한 전략적 요충지이다. 크림반도와 같이 한반도 역시 러시아에게는 아시아 지역과 태평양으로 진출할 수 있는 전략적 요충지인데, 해방 이후 소련의 북한 점령과 북한에 대한 6·25 한국전쟁 지원 역시 이러한 러시아의 외교정책 하에 단행된 것이었다. 최근 2022년 2월 러시아는 우크라이나가 NATO(North Atlantic Treaty Organization, 북대서양조약기구)에 가입하려 하자 우크라이나 전쟁을 일으켰다.

'봉쇄정책'에 대한 미국의 최초의 시작은 지중해 동쪽에서 그리스와 터키를 돕는 것이었다. 당시 그리스는 공산주의 세력이 내전을 일으켰고, 터키에서는 소련이 영토를 양도할 것과 보스포러스에 소련 해군기지 건설을 요구하고 있던 상태였다. 이에 맞서 그리스와 터키 모두를 영국이 지원하고 있었지만, 영국이 더 이상 지원할 여력이 없어지자 미국이 곧바로 의회의 승인을 얻어 이들을 지원하기 시작하였다. 이후 마샬 계획(Marshall Plan)[7]을 통해 서유럽의 경제적 재건을 원조하였고, 1949년 4월 NATO(북대서양조약기

---

7   공식적으로는 유럽 부흥 계획(European Recovery Program, ERP)이다.

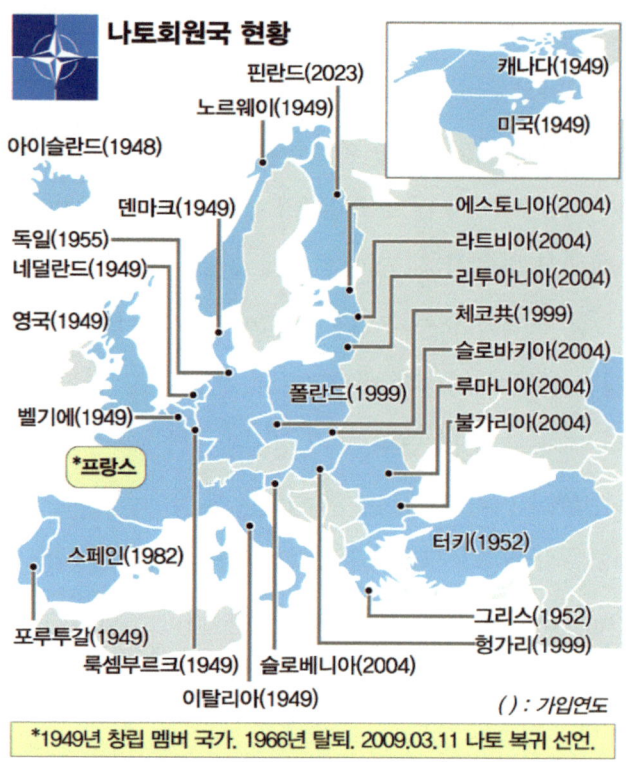

구)를 창설하였다. 소련의 또 다른 팽창축선인 아시아에서는 6·25 한국전쟁의 참전, 미·일 방위조약, 한·미 방위조약을 통해 소련의 부동항 확보와 태평양으로의 진출을 저지하였다. 즉 흑해 및 지중해로의 진출, 아시아와 태평양으로의 진출, 서부 유럽으로의 진출을 모두 저지하고 봉쇄하였다.

미국의 이러한 '봉쇄정책'과 '억제전략'은 소련이 스스로 붕괴되는 단초를 제공하였다. '부전승 사상'을 현실에 옮긴 대표적 사례가 되었다. 《손자병법》에서 말하는 부전승의 방법으로 '벌모(伐謀)',

'벌교(伐交)', 그리고 '해(害)'로써 적을 굴복시키는 방법'을 실행한 것이다. 소련 주변 유럽 국가들과의 동맹원조를 통해 '벌교(伐交)'함으로써 소련의 '팽창주의'를 분쇄하여 '벌모(伐謀)'한 것이다. 아울러 '상호확증파괴(MAD)' 전략을 통해 '해(害)'로써 소련의 도발의지를 저지하였다. 결국 소련은 스스로 붕괴하였는데, 미국의 부전승을 이끈 '봉쇄정책'은 과거 역사로부터 일관되게 지녀온 소련의 국가전략, 행위속성을 파악했기에 가능한 것이었다.

현재 한반도를 중심으로 한 동북아시아는 남·북한의 군사적 대치와 주변 4강 간의 이해관계 대립이 심화되고 있다. 동 지역에서도 각국들은 자국의 이익을 관철시키기 위해 다양한 정책들을 치열하게 펼치고 있다. 동북아에서 각국들이 자신의 이익을 관철시키기 위해 다른 국가의 약점을 어떻게 활용하고 있는지 살펴보는 것도 부전승 방법론의 실제 적용을 이해하는 데 매우 유용할 것이다.

미국의 對중국 전략 : '봉쇄전략 + 분리주의를 통한 중국 공산당 붕괴 유도'

동북아에서 중국은 미국의 패권에 도전하고 있다. 미국은 이에 맞서 군사적 측면에서는 ① 일본-대만-동남아시아를 잇는 해상방어선을 구축함으로써 對중국 '해상봉쇄'를 통해 중국의 태평양으로의 진출 저지와 동·남 중국해에서의 중국의 해상패권을 저지하고

자 하며, 또한 ② 중국이 아랍지역과 유럽지역으로 통할 수 있는 육상지역에서의 군사기지 확보 등을 통한 對중국 '육상봉쇄'를 구축하고 있다. 이러한 미국의 對중국정책은 흡사 미국의 對소련정책인 '봉쇄정책(Containment Policy)'의 재연처럼 보인다.

 미국의 냉전 당시 기본적인 동아시아 정책은, 첫째 소련의 팽창을 저지·봉쇄하고, 둘째로 일본 제국주의의 폐해를 교훈 삼아 역내에서 패권국의 출현을 방지하는 것이었다. 그러나 소련의 붕괴와 중국의 급부상으로 인해 미국의 對동아시아 전략 수정은 불가피하게 되었다. 미국의 對동아시아 전략 수정은 부시 행정부와 더불어 집권한 신보수주의자들(Neocon)에 의해 이라크와 아프가니스탄에서의 전쟁수행, GPR(Global Defense Posture Review, 해외주둔 미군

재배치 검토), MD(Missile Defense, 미사일 방어체제) 구축 등을 통해 구체화되는데, 이런 일련의 과정을 통해 현재 미군의 아시아 주둔 현황을 보면 그 수정된 전략을 쉽게 파악할 수 있다.

미국은 對테러 전쟁인 아프가니스탄 전쟁을 벌이면서 인접 국가들인 우즈베키스탄, 키르기스스탄, 타지키스탄 등에 영구 군사기지를 확보하고 동 지역들에 군대를 주둔하고 있다. 동 지역들은 공교롭게도 과거 칭기즈칸이 서방 원정길에 올랐던 통로였으며, 중국이 아랍과 유럽으로 통할 수 있는 관문에 해당한다. 중국은 북쪽으로는 몽고와 국경을 접하고 있고 알타이 산맥이 가로막고 있다. 또한, 남쪽으로는 히말라야 산맥이 가로막고 있으면서 인도·네팔 등과 국경을 접하고 있어 군사력의 확대를 취하기 어렵다. 그리고 북쪽과 남쪽에는 굳이 영향력을 확대할 필요성이 있는 전략지역도 존재하지 않는다. 다만 세계 전략지역인 아랍지역만이 중국이 영향력을 확대할 가능성이 있는 지역인데, 키르기스스탄, 타지키스탄 등의 지역들에서의 미국의 군사기지 확보는 러시아와 중국이 모두 아랍지역으로 갈 수 있는 기동로를 차단하여 봉쇄하는 결과를 만들었다. 향후 미국은 동 지역에서의 군사기지 확대에 주력할 것이며, 동 지역 국가들에 대한 지원 등을 통해 유대관계를 강화해 나갈 것이다. 또한 인도와의 관계를 우호적으로 유지할 것이다. 미국에게 있어서 인도는 지정학적으로 인도양으로의 중국세력의 진출 저지라는 측면보다는 육상에서의 중국봉쇄라는 전략적인 측면에서 우호적 관계를 유지해야 하는 지역이기 때문이다.

중국은 이슬람 원리주의를 표방하는 아프가니스탄의 탈레반 정권에 많은 우려를 갖고 있었다. 탈레반 정권에 의한 이슬람 원리주의 확산은 신장 위구르 자치구 내의 위구르족 등 이슬람 문화권 소수민족들의 분리주의 독립운동에 악영향을 줄 수 있기 때문이었다. 최근까지 신장 위구르 자치구에서는 분리주의 운동으로 유혈사태가 종종 발생했는데, 이러한 상황에서 탈레반 정권의 이슬람 원리주의는 중국에게 커다란 위협이 아닐 수 없었던 것이다. 이러한 이유로 중국은 미국의 아프가니스탄 對테러전쟁을 지지하였으나, 이러한 결정은 오히려 중국 자신을 봉쇄하는 데 지지한 꼴이 되었다.

對중국 육상봉쇄와 더불어 미국은 일본-대만-동남아시아를 잇는 해상봉쇄 라인을 강화하여 중국의 태평양 진출 저지 및 동·남 중국해에서의 중국의 해상패권 저지, 아시아 동맹국들의 SLOC(Sea Line of Communication, 해상교통로) 안전 확보라는 전략적 목적을 추구하고 있다. 일본과 한국, 그리고 동남아시아 국가들은 에너지의 수입과 제품의 수출·수입을 위해 모두 동중국해와 남중국해를 이용하고 있다. 각국들에 있어 생존에 직결되는 이러한 SLOC(해상교통로)에 대한 통제권이 중국으로 넘어갈 경우, 자연스럽게 동아시아 지역에서의 미국의 패권 또한 중국에게 넘어갈 것이 분명하기 때문이다. 이를 위해 미국은 일본·대만과의 관계를 공고히 하고 있고, 또한 동남아시아 국가들과의 협력 역시 강화하고 있다. 2014년 4, 5월에 걸쳐 미국 오바마 대통령은 아시아 순방길에 오르면서 일본·한국·필리핀·말레이시아를 순방한 바 있다.

한국을 제외한 나라들은 모두 미국의 對중국 해상봉쇄 라인을 형성하는 핵심적인 국가들이며, 다만 대만을 방문하지 않은 것은 중국을 자극하지 않기 위한 것으로 풀이되었다.

동아시아 지역에서는 크게 6곳의 영토 분쟁지역이 존재한다. 일본과 러시아 간의 북방 4개 도서(쿠릴열도) 분쟁, 한국과 일본 간의 독도 분쟁, 중국과 일본 간의 센카쿠열도(釣魚島, 다오위다오) 분쟁, 중국과 동남아시아 국가들 간의 남중국해 분쟁, 특히 남사군도(南沙群島, Spratly Islands) 분쟁이다. 그리고 국가 간 분쟁으로서 중국과 대만, 한국과 북한 간의 분쟁이 존재한다. 특히 미국의 동북아 국가전략과 관련하여 중요한 분쟁지역은 대만, 센카쿠열도(釣魚島), 남중국해이다. 동 지역은 모두 SLOC(해상교통로)를 통제할 수 있는 요충지에 위치한 곳으로, 특히 미국은 동·남 중국해에서의 중국의 해상패권 저지를 위해 전략적 요충지인 대만, 센카쿠열도(釣魚島), 남사군도(Spratly Islands)에 대한 분쟁에 있어서 중국의 도발적인 행위를 결코 용인하지 않을 것이다. 이들 지역에 대해 앞으로도 미국은 反중국이라는 확고한 입장을 견지할 것이며, 이와 더불어 방위비 부담 등을 고려하여 자신들의 아시아에서의 역할 중 일부를 일본에게 지속적으로 이양하고자 할 것이다. 이를 위해 미국은 일본의 군비증강에 대해서는 지지정책을 유지하는 자세를 취할 것이다. 미국이 일본의 군사력 증강과 센카쿠열도(釣魚島) 분쟁에서 일본을 지지한 것은 매우 당연한 것이다.

뿐만 아니라, 또한 미국은 중국과 대만 간의 양안(兩岸, 중국과 대만) 문제에 있어서는 중국의 물리력에 의한 대만 병합은 결코 용인하지 않을 것이다. 그동안 중국 간의 관계를 고려하여 대만문제에 대해서는 적극적인 개입 태도를 보이지 않았던 미국은 중국이 동아시아에서의 패권을 위한 정책을 노골적으로 추진할 경우, 그에 반비례하게 대만문제에 대한 개입의 정도는 심해질 것이다. 대만이 중국으로 편입되는 경우 미국의 對중국 해상봉쇄 라인의 심각한 위협과 함께 동맹국인 한국과 일본의 국가 생존이 걸린 SLOC(해상교통로) 역시 심각한 위협에 노출되기 때문이다.

해상과 육상에서의 중국봉쇄는 소련에 대한 봉쇄정책의 재연처럼 보인다. 그러나 소련과 중국은 국가의 속성이 다르다. 러시아는 팽창주의라는 속성을 가지고 있지만, 중국의 주된 국가적 속성은 팽창주의가 아니다. 중국의 국가성을 대표하는 상징물은 바로 '만리장성'이다. 만리장성은 방어하기 위해 만든 것이지, 침략·팽창하기 위해 만든 것이 아니다. 중국의 동북아에서의 패권 유지를 위한 주된 방법은 Soft Power를 통한 것이었다. 불교와 유교의 정신적·정치적 이념체계, 각종 통치제도, 과학기술, 문자 등을 통한 패권 유지였다. 그렇다면 팽창주의적 속성을 지닌 소련으로부터 얻은 봉쇄정책 효과가 중국에 대한 봉쇄정책에서도 나타날지는 확신할 수는 없다. 소련 붕괴 이후 1990년대 미국의 학자들과 정책기관에서는 '공산주의 국가인 중국도 소련처럼 붕괴할 수 있을 것인가?'에 대한 활발한 논의가 있었다. 미국의 많은 학자들의 주된 생각은 소련의 붕괴과정과 동일하게, 과거 소련 연방을 구성하는 지금의 동구 유럽국가들의 분리독립으로 소련이 붕괴하였듯, 중국도 같은 방식으로 붕괴될 것이라고 보았다. 미국의 정책결정자들은 크게 두 가지로 중국을 붕괴시킬 수 있다고 보고 있다. '봉쇄정책 + 분리주의'가 그것이다. 소수민족들의 분리독립 운동은 현재 중국이 가장 두려워하는 바이며, 중국에게 있어서 역린과도 같다.

중국의 對미국 동아시아 전략 : '봉쇄정책 분쇄 및 SLOC 장악'

중국에 대한 미국의 봉쇄정책에 맞선 중국의 군사적·외교적 국가전략은 대표적으로 '일대일로(一帶一路)'이다. 세부적으로는 ①

미국의 대중국 봉쇄정책의 분쇄, ② 해·공군력 강화를 통한 전투력 투사(Force Projection) 능력 구비와 동·남 중국해에서의 패권 또는 군사적 우위의 확보, ③ 대만 독립을 포함한 소수민족의 분리운동의 방지, ④ 물류 중심국가로서의 완성 등이 주요 전략을 이룬다.

중국은 미국의 對중국 해양봉쇄 전략을 붕괴(伐謀)시키기 위해, ① 미국의 對중국 해양봉쇄 라인의 핵심지역인 대만을 무력통일 또는 친중국가로 변모시키고자 한다. 또한 ② 일본과 분쟁 중인 센카쿠열도(釣魚島)와 동남아시아 국가들과 분쟁 중인 남사군도(Spratly Islands)에서의 군사적 우위를 확보하거나 해상패권을 장악하고자 하고 있다. 이 두 가지 전략은 상호보완적이다. 대만과 센카쿠열도, 남사군도(Spratly Islands)를 장악하게 되면 당연히 동·남 중국해의 SLOC(해상교통로)를 통제할 수 있게 되고, 이를 통제하게 되면 중국은 한국과 일본의 에너지 수입로 및 물품의 수·출입로를 장악하게 된다. 중국은 한국과 일본의 생명줄을 쥐게 된다. 당연히 그런 상황이 야기되면 한국과 미국 간의 군사동맹 관계와 미국과 일본 간의 군사동맹 관계는 변화를 맞을 수밖에 없는 상황에 직면하게 된다. 중국은 이를 위해 대양해군 건설과 공군력의 증강을 통해 전투력의 투사능력을 구비하고자 군비증강에 매진하고 있다. 최소한 1996년 미국의 개입에 의한 양안사태[8]에서의 실패를 경험하지 않겠다는 의지에서다.

---

[8] 1995년부터 1996년 초까지 벌어진 대만·미국과 중국 간의 군사 충돌 위기

최근 중국은 동·남 중국해에서의 방공식별구역을 확장 또는 확장 검토를 시작하여 미국·일본을 비롯한 인접 국가들과 마찰을 빚고 있는데, 이러한 중국의 행위는 이러한 전략에서 비롯된 것이다. 대만·센카쿠열도(釣魚島)·남사군도(Spratly Islands) 등은 모두 아시아 지역의 SLOC(해상교통로)를 통제할 수 있는 전략적 요충지로서, 중국이 향후 이들 지역을 자신의 군사력 아래에 둔다면, 에너지 자원 수입 등 수출입을 SLOC(해상교통로)에 의존하고 있는 한국·일본 등이 모두 중국의 지역 패권질서 하에 편입될 것은 자명하다.

중국은 미국의 對중국 육상 봉쇄정책에 대하여 항만 확충과 철도 건설을 통한 유럽과 아시아를 연결하는 물류 중심지로서 발돋움하기 위해 국가의 역량을 집중하고 있으며, 나아가 일대일로(一帶一路)를 통해 중국이 세계 각지로 세력을 확대할 수 있는 주요 교통로를 장악하려 하고 있다. 또한 소외된 서북부 지역과 동북부 지역에 대한 경제개발을 통해 지역 간 경제 격차를 해소하는 데 목표를 두고 있다. 이러한 전략을 통해 경제적으로 소외된 지역의 개발과 더불어 동 지역에 주로 거주하고 있는 소수민족의 분리 운동 유발을 저지하는 이중의 효과를 기대하고 있다. 상해 양산항과 TCR(Trans-Chines Railway, 중국횡단철도)을 통해 해상물류에서 육상물류로, 육상물류에서 해상물류로의 허브국가를 목표로 하고 있으며, TCR(중국횡단철도)은 이미 독일까지 연결되어 있는 상태다.

미국의 對중국정책에서, 또 중국의 對미국정책에서 무엇보다

도 전략적으로 가장 중요한 것은 바로 '대만' 문제이다. 중국 입장에서는 대만문제가 해결되면 한·미, 미·일 간의 관계를 분쇄할 수 있다. 즉 伐謀(대만을 장악함으로써 미국의 봉쇄정책을 분쇄)하면 伐交(미국의 동맹관계 분쇄)할 수 있게 된다. 중국은 대만을 무력으로 편입시키겠다는 의지를 가지고 있고, 미국의 정보기관도 이를 확인해주고 있다. 그러나 미국과 일본에게 대만의 전략적 가치가 상실되지 않는 한 중국이 대만을 무력적이고 강압적인 방법에 의해 병합하는 것은 불가능할 것이다. 중국이 대만에 무력 등 물리력을 동원하는 경우 미국과 일본은 즉각적으로 양안사태에 개입할 것이기 때문이다. 결국 어떤 형태이든 대만이 중국으로 편입될 수 있는 단 한 가지 경우의 수는 대만의 자발적 의사에 기한 것이다. 친중정권에 의한 자발적 편입이다. 이런 가능성은 다음의 두 가지 변수에 기인한다.

첫째, 한족(漢族)을 포함한 중국인들, 대만인들은 근본적으로 이념성보다는 합리성을, 즉 쉽게 표현하면 명분보다는 실리를 추구하는 기질을 가지고 있다. 경제적으로 이득이 된다면 정치적 문제나 이념 등은 중요치 않게 생각하는 경향이 강하다. 이러한 성향은 대만이나 중국 본토 사람들이나 모두 동일하다. 이러한 성향을 가지게 된 원인에는 중국의 역사적 배경에 있다. 과거 중국은 한족이 지배하던 명(明)나라가 멸망하고 만주족에 의해 청(靑)나라가 세워졌다. 청나라가 들어서자 당시 명나라를 지배하던 사대부들의 벼슬길이 막히게 되었다. 더 이상 그들이 해온 유교라는 학문은 필요하지 않게 되었다. 결국 그들은 유학을 버리고 상인의 길로 들어섰는데, 이를 유상(儒商)이라 하였다. 유학을 버리고 상인의 길로 들어선 것을 '기유취고(棄儒就賈)'라고 하였는데, 그들은 돈을 벌어 돈으로 벼슬을 샀다. 수백 년 동안 이러한 역사적 배경은 지속되었다. 즉 유교라는 이념성은 사라지고, 상인의 합리성이 수백 년을 중국 사회를 지배해왔던 것이다. 대만은 중국과의 관계에 있어 과거 대만총통 마잉주(馬英九)가 내세웠던 '3不정책', 즉 '불독립, 불통일, 불무력 사용'의 범주 안에서 행동하고 있다. 즉, 중국과 대만의 통일은 반대하지만, 또한 대만의 독립 또한 원하지 않는 '현상 유지'를 원하고 있는 것으로 보인다. 대만의 현 차이잉원(蔡英文) 총통은 비공식적으로는 독립을 추구하고 있지만, 공식적으로는 3不정책의 범주에서 對중국관계를 유지하고 있다. 그러나 이러한 대만 국민의 여론은 그들의 실리적 국민성으로 인해 언제든지 바뀔 가능성이 많다.

둘째, 중국과 대만의 경제적 통합, 대만의 중국에 대한 경제적 의존도의 심화, 그에 따른 중국의 대만 국내 정치에 대한 개입 가능성 확대이다. 중국과 대만은 이미 경제적으로 상당 부분 통합되어 있다고 해도 과언이 아니다. 대만은 지난 2008년 5월 중국에게 경제, 우편, 항공해운 등 '3통(通)'을 개방한 데 이어, 2010년 중국과 대만은 양안경제협력기본협정(ECFA)을 체결하였으며, 2013년에는 서비스 무역협정을 체결하였다. 또한 2014년 2월에는 65년 만에 처음으로 대만·중국 간 장관급 회담을 개최하였다. 바야흐로 중국과 대만은 경제적으로는 '차이완(Chiwan, China와 Taiwan의 합성어)' 시대를 맞이하였다. 대만 내에서 중국에의 경제 의존도를 염려하는 의견이 존재하는 것은 사실이지만, 중국에 대한 대만의 경제 의존도는 수출산업을 국가경제의 근간으로 하는 대만 입장에서는 어쩔 수 없는 현실이다. 이러한 경제적 통합과 의존도가 심화될수록 대만의 중국으로의 편입은 가속화될 것이다. 대만의 중국에 대한 의존도가 심화될수록 중국은 경제정책을 통해 대만의 국내 정치에 간접적으로 개입할 수 있는 여지를 갖게 된다.

만약 대만 분리독립을 지지하는 민진당(民進黨)이 정권을 잡아 양안관계가 경색되는 경우, 중국은 대만에 대한 경제적 압박, 즉 경제정책의 혜택을 정지시킨다거나 중국 내 대만기업의 활동을 제한하는 등의 선택지를 통해 명분보다는 실리를 우선시하는 대만 국민들의 정치적 여론과 성향을 자신들이 유리한 방향으로 이끌어갈 수도 있다. 경제를 통한 중국의 대만 국내 정치에 대한 간접적 개입은 대표적으로 2012년에 있었던 대만 총통선거에서도 노골적으로 나타났는데, 중국은 대만의 완전한 독립을 주장하는 야당인 민진당 차이잉원(蔡英文) 후보에 반대하고 친중국 성향의 국민당(國民黨) 마잉주(馬英九) 총통의 연임을 지지한 바 있다. 당시 중국은 대만 국민에 대해 당선자가 누구냐에 따라 무역관계가 달라질 수 있음을 시사하면서, 대만 유권자들이 이번 선거에서 중국과의 무역거래에 대한 이익을 고려해 후보자를 선택하기를 바란다는 식으로 대만 국내 정치에 경제를 통해 노골적으로 개입한 것이다.

이런 두 가지 변수가 작동하는 시점은 언제일까? 대만 국민의 의견이 중국과의 통합 또는 편입 쪽으로 언제 방향을 바꿀 것인가를 판단하는 데에는 세 가지 점을 특히 관심 있게 살펴보면 될 것이다. 첫째는 대만의 경제성장률과 실업률을 포함한 경제상황이다. 앞서 설명하였듯 점점 중국 의존도가 높아지고 있는 대만의 경제가 침체기에 접어들고 세계 경기가 안 좋아질수록 대만의 중국 시장에 대한 의존도는 점점 커져갈 것이기 때문이다. 둘째 대만의 국내정치 상황이다. 대만은 크게 본성인(本省人)·외성인(外省人)·객가인(客家人)9 · 원주민(原住民) 4개 부류로 구성되어 있다. 본성인은 명(明)·청(青) 나라 시대에 대만으로 이주해온 한족(漢族)들로서 주로 복건성(福建城)에서 이주하여 왔다. 외성인은 국민당 장개석 정부와 함께 국공(國共) 내전에서 패배하여 대만으로 넘어온 사람들이다. 객가인은 본성인들이 대만으로 이주해온 뒤 상업이 발달하자 돈을 벌기 위해 주로 운남성에서 이주해왔다. 원주민들은 본성인들이 대만에 이주해오기 전 이미 대만에 살고 있었던 사람들을 말한다. 이들 중에서 정치적 주류를 차지하고 있는 사람들은 한족인 본성인과 외성인들이며, 본성인은 주로 대만의 분리독립을 지지하는 민진당(民進黨)을, 외성인들은 주로 중국으로부터의 분

---

9 한족의 부류로, 고향을 떠나 타향에서 사는 한족들을 말한다. 그들 스스로 붙인 명칭이다. 현재 세계 전역에 8,000만 명 정도가 살고 있다. 대만 인구의 15%가 객가인이고, 동남아시아에 거주하는 화교의 대부분도 객가인이다. 고유의 객가문화를 유지하면서 객가어를 사용한다. 머리가 좋고 부지런해서 경제에 특히 강하여 중국의 유태인이라고도 불린다. 관료 출신도 많다. 태평천국의 창시자인 홍수전(洪秀全)을 비롯해 쑨원(孫文), 덩샤오핑(鄧小平), 타이완 총통을 지낸 리덩후이(李登輝), 필리핀 정치가 아키노(Corazon Aquino), 싱가포르 총리를 지낸 리콴유(李光耀) 등도 모두 객가인이다.

리독립에 반대하고 중국과의 통일에 대해 부정적이지 않은 견해를 갖고 있는 국민당(國民黨)을 지지하고 있다. 정치적으로는 국민당이 정권을 잡은 시기에 양안관계는 호전되었지만, 대만의 분리독립을 지지하는 민진당이 정권을 잡은 경우에 양안관계는 경색되었다. 대만의 다수당인 국민당과 민진당이 대만 분리독립에 있어서 이렇듯 뚜렷한 입장차를 갖고 있는 만큼 앞으로 대만의 대선·총선 결과에 따른 대만 내의 정치 역학구도의 변화를 예의주시해볼 만하다. 셋째 중국의 남중국해에 대한 패권 장악 여부이다. 남중국해가 중국에게 장악되면, 대만으로서는 에너지 수입로와 물품의 수·출입로인 SLOC(해상교통로)를 차단당하게 된다. 그러면 대만은 다른 선택을 할 수 없게 된다.

이런 측면에서 보면, 중국이 미국의 해상봉쇄 라인을 무력화하고, 대만의 분리독립을 저지하면서, 한·미·일 군사동맹을 무력화하기 위해 중국 입장에서 가장 먼저 해야 할 것은 바로 남중국해에서의 해상패권 장악이다. 남중국해에서의 해상패권 장악으로 중국은 대만의 분리독립을 막고 대만을 중국에 편입시키거나 그 영향력 아래 둘 수 있게 된다. 대만이 중국의 영향력 아래 놓여진다면, 미국의 對중국 해상봉쇄의 가장 중심이 되는 대만이 붕괴되는 것이고, 이는 곧 미국의 對중국 해상봉쇄선의 붕괴를 의미한다. 해상봉쇄선의 붕괴로 동중국해 역시 중국으로부터 안전을 보장받을 수 없게 되며, 결국 한국과 일본의 SLOC(해상교통로)는 중국세력에게 장악될 것이다. 그렇다면 중국은 남중국해의 패권을 장악하기 위해 향후 어떤 전략을 사용할까? 중국은 지금까지와는 다르게 향후 동남아시아 국가들과의 유대관계를 강화하여 최소한 동남아시아 국가들이 미국이나 일본편에 서지 못하도록 할 것이라는 점은 명약관화하다. 중국의 남중국해에서의 군사력 강화는 한국과 일본의 생존에 직결되는 문제로 미국과 함께 이를 저지하기 위한 대책을 수립해야 함은 당연하다. 그런 측면에서 한국의 해군력 강화, 특히 핵잠수함 전력의 개발은 무엇보다 중요하다.

중국의 이이제이(以夷制夷) :
'느슨한 남·북 긴장상태의 현상유지 전략'[10]

중국의 이이제이(以夷制夷)는 부전승 사상의 대표적 발현 형태이다. 중국에 위협을 가하는 주변 세력(국가)을 다른 주변 세력(국가)으로 통제한다는 것이다. 중국의 이이제이(以夷制夷) 전략은 아직까지 한반도에서 높은 효용을 발휘하고 있다. 중국의 이이제이(以夷制夷)는 남·북 대립 분단상황을 유지시키면서, 필요에 따라 어느 한쪽에 힘을 실어주어, 북한에 의한 남한의 통제, 남한에 의한 북한의 통제를 이용하는 방법으로 실행되고 있다. 사람들은 이렇게 질문할 수 있다. "중국은 북한편이 아닌가? 같은 공산주의 국가

---

10 본 용어는 필자가 처음으로 만들어 사용하고 있는 용어로, 중국의 對한반도 정책을 한마디로 표현하고자 고안된 것이다.

로서 중국과 북한은 같은 편이 아닌가?" 이러한 질문에 대한 답은 "아니다"이다. 이것은 좌우 이념대립의 냉전시대에서나 통용되는 이야기이다. 지금의 국제관계는 단순하지 않다.

 1990년대 초 소련이 붕괴되고 중국이 시장경제 체제를 도입하면서 중국의 한반도에 대한 전략적 관심은 한국과의 경제적 협력에 집중되기 시작했다. 중국이 급속한 개방을 시작하고 한국과 수교를 한 1992년부터 1995년까지는 중국의 對한반도 정책은 과거 좌우 이념대립의 냉전시대에서 벗어나 한국과 새로운 관계 형성을 위해 한국과의 관계 개선에 역점을 둔 시기였다. 좌우이념 대립의 냉전시대에 유지했던 對한반도 정책이 무너지면서, 중국이 아직 對한반도 정책을 정립하지 못했던 기간이었다. 이 시기에 중국은 북한을 철저하게 고립시켰다. 1992년 12월에 중국은 북한과의 무역에 있어서 기존의 물물교환 방식을 폐지하고 미국 달러에 의한 현금결제를 요구하였고, 석유·가스 공급을 중단하였다. 1993년도에 들어서면서 북한의 김일성은 중국의 개방정책을 비난하고 중국과의 국경을 폐쇄했으며, 국경 부근에서의 쌍방 간의 총격전과 중국 국경 부근으로 북한의 병력 증파, 김정일의 중국 방문 연기, 중국 항공기의 평양 운항 중단 등으로 양국의 관계는 심한 갈등의 양상을 보였다. 1994년에 잠시 중국과 북한은 김일성 사망으로 인한 중국의 對북한 지원의지 등으로 관계 개선의 기미를 보이다가, 1995년에는 다시 양국 간의 관계가 냉각기에 접어들었다. 1995년 후반까지 중국은 북한에 대한 원조를 거부하였다.

이런 중국과 북한의 불편한 관계는 1996년을 기점으로 해서 전환의 계기를 마련하였다. 1995년부터 1996년까지 북한은 극심한 가뭄 등 자연재해에 따른 식량부족으로 백만 명이 넘는 주민이 굶어 죽고 탈북자가 급증하는 등 급격한 정권위기 상황에 직면하였다. 이에 중국은 당시 중국을 방문한 북한 홍성남 부총리를 단장으로 한 북한 정부 대표단과의 회담에서 2000년까지 북한에게 식량 年 50만 톤을 지원하는 것을 주요 내용으로 하는 '북·중 경제 및 기술지원협정'을 체결함으로써 그동안 악화되었던 북·중 관계를 회복시키는 계기를 마련하게 된 것이다. '북한의 존속'이야말로 중국의 국익에 부합한다는 사실을 중국이 깨달은 것으로 볼 수 있다.

　이런 중국과 북한의 관계가 다시 문제가 된 것은 2002년이었다. 중국의 對한반도 정책에 대한 이해와 관련하여 특히 관심을 가져야 할 사건은 2002년 10월에 북한이 신의주 특구 초대장관으로 내정한 양빈(楊斌)[11]을 중국이 전격 체포하고, 이어 2003년 2월 중국이 IAEA(International Atomic Energy Agency, 국제원자력기구) 특별이사회에서 북핵문제의 안보리 회부에 찬성표를 던진 사건이다. 2000년 5월 주룽지(朱鎔基) 중국 총리는 북한 김정일이 베이징(北京)을 방문했을 때 신의주 개방에 대한 이야기를 듣고 한국 자본의

11　양빈은 1987년 네덜란드에서 다국적 농업회사인 어우야(歐亞) 그룹을 설립해 90년대 중후반 중국 진출을 통해 급성장한 인물이다. 그는 2002년 당시 《Fortune》이 뽑은 세계 40대 미만의 40대 부자에서 총 재산 9억 달러로 15위를 차지했으며, 2001년 당시 중국 갑부 순위에서는 가축사료 회사를 경영하는 시왕집단 총재 류융항(劉永行)에 이어 2위를 기록하기도 했다.

투자 유치가 용이함을 이유로 신의주 대신 개성을 권유했으며, 또한 장쩌민(江澤民) 중국 국가주석이 2001년 9월 방북했을 때 신의주 특구 지정계획에 반대 입장을 표명한 것으로 알려졌었다. 중국은 신의주와 인접한 중국의 단둥(丹東)이 중국 변방 정책상 군사안보적 거점이라는 점, 신의주가 개방되면 중국 자본이 이곳으로 대거 유출된다는 점, 그리고 양빈이 신의주를 마카오처럼 오락·유흥 중심의 도시로 개발하려 한다는 점 등을 우려하여 북한의 신의주 특구 설치와 양빈을 초대장관으로 내정하는 것에 대해 반대하였다. 중국은 신의주가 이와 같은 식으로 개발되면 동북 3성(省) 일대의 주민들이 신의주로 몰려가 카지노 등의 도박에 빠져 사회문제가 발생할 것을 우려했었던 것으로 전해지고 있다. 그러나 북한이 중국의 견해를 무시하고 양빈을 신의주 특구의 초대장관으로 임명하자, 2002년 10월에 양빈을 전격 체포하고, 이어 2003년 2월 중국은 IAEA(국제원자력기구) 특별이사회에서 북핵문제의 안보리 회부에 찬성표를 던졌던 것이다.

위 일련의 외교적 사실관계에 비추어 보면, 중국의 對한반도 전략은 단순하고 명확하다. 중국은 한반도에서 통일되고 단일한 세력의 출현을 바라지 않고 있으며, 따라서 이를 위해서는 북한의 존속이 무엇보다 중요하다고 생각하고 있다. 그 이유는 ① 군사적으로는 북한의 견제에서 벗어난 한국의 군사력은 중국 입장에서 매우 부담스럽다는 것이다. 중국의 5대 전구(戰區) 중 북부전구는 현재 그나마 긴장이 덜한 상태인데, 통일된 한반도에서 한국의 군사력은 중국의 북부전구에 대한 군사적 부담을 가중시킬 것이다. 미국과 군사동맹을 맺고 있는 한국과 직접 국경을 마주하는 것도 부담스럽지만, 한국 자체가 보유하고 있는 군사력도 부담스럽기 때문이다. ② 한반도 통일에 따른 TSR(시베리아횡단철도)의 연결은 TCR(중국횡단철도)의 효용을 감소시켜 물류 중심국가로서의 일대일로(一帶一路)의 효용을 떨어뜨릴 것이다. 또한 중국이 SLOC(해상교통로)를 장악하여 한국과 일본의 물품 수·출입로를 장악한다 해도, 육상으로 TSR(시베리아횡단철도)를 통한 다른 옵션을 가질 수 있게 된다. ③ 한반도 통일에 따른 러시아로부터의 천연가스·석유 파이프라인의 연결은, 중국이 동·남 중국해 장악에 따른 효용, 즉 한국과 일본에 대한 에너지 안보 위협의 효과를 현저히 감소시킬 것이다. 중국이 에너지 수입로를 장악한다 해도 한국과 일본이 다른 옵션을 가질 수 있기 때문이다. 즉 해상교통로 장악으로 한·미, 미·일 군사동맹을 쉽게 분쇄할 수 없게 된다.

따라서 중국은 과거로부터 늘 싸우지 않고 이기는 부전승의 방법으로 이이제이(以夷制夷) 정책을 써왔듯, 북한을 통해 한국이 견제되기를 바라고, 반대로 한국을 통해 북한이 견제되기를 바란다. 중국의 국가전략에서 보면 북한에 의한 한반도 통일이든, 한국에 의한 한반도 통일이든 상관없이, 한반도 통일 또는 한반도에서의 평화체제 구축 자체가 바람직하지 않은 것이다. 즉 중국의 對한반도 정책을 한마디로 표현하자면 '느슨한 남·북 긴장상태의 현상 유지 전략'이라고 볼 수 있다.

따라서 중국의 對한반도 정책인 '느슨한 남·북 긴장상태의 현상 유지 전략' 하에서는 '북한의 존속'과 '남·북한 대치로 야기되는 불안한 한반도 정세'는 매우 중요하다. 지금까지 북·중 관계를 살펴보면 중국은 북한을 존속시키기 위해 북한이 굶어 죽지 않을 정도, 즉 북한정권이 유지될 정도만 지원해왔고, 또 앞으로도 그럴 것이다. 지금까지 중국은 북한의 경제개발을 위해 기술을 이전하거나 산업시설 및 SOC(사회간접자본) 건설에 투자를 단 한 번도 지원한 적이 없었으며, 그저 식량이나 석유 등의 연료 지원만을 해왔을 뿐이었음을 인식할 필요가 있다. 중국은 북한이 지나치게 대미 강경책을 추진함으로써 발생할 수 있는 북한과 미국 간의 직접적인 마찰과 분쟁을 억제시키기 위해 노력해왔고, 앞으로도 그럴 것이다. 북한과 미국과의 직접적인 마찰과 분쟁 유발은 곧 미국의 북한에 대한 직접적인 군사개입을 야기할 것이고, 이는 곧 북한정권의 붕괴로 이어질 가능성도 배제할 수 없기 때문이다. 또한 미국과 북한 간에 극단적인 상황이 발생한다면 중국 정부로서도 그 대처에 있어서 다른 특별한 대안도 없기 때문이다. 중국에게 있어 북한의 전략적 가치는 대만과는 다르다. 그렇기에 6·25 한국전쟁 때처럼 한반도에서의 군사적 분쟁 발생 시 중국이 군사적으로 직접 개입한다는 것은 쉽지 않을 것이다. 따라서 중국은 한반도에서 군사적 분쟁 또는 전쟁 발생을 방지하기 위해 북한의 일정 수준 이상의 대미 또는 대남 도발을 통제하고 관리하고자 할 것이다.

중국의 對한반도 전략 측면에서 볼 때, 북한의 핵문제는 미국이 북한에 군사적으로 개입할 수 있는 가장 위험한 이슈이다. 1993년 북한은 NPT(Nonproliferation Treaty, 핵확산금지조약)를 탈퇴하고 핵개발을 선언하였다. 북한이 처음 NPT(핵확산금지조약)를 탈퇴했을 때 중국 역시 당황한 것은 분명하였을 것이다. 그러나 이를 해결하는 과정에서 결론적으로 북한의 핵개발은 중국에게 많은 이익을 가져다주었고, 중국은 이를 충분히 이용하여 왔다. 북한 핵개발은 중국의 對한반도 영향력을 극대화시키는 계기가 되었다. 첫째, 북한 핵개발은 북한의 중국에 대한 의존도를 더욱 증가시켰다. 북핵문제와 관련하여 북한이 국제사회에서 유일하게 의존할 수 있는 국가는 중국이 되어버렸다. 국제사회에서 오로지 중국만이 북한의 바람막이가 되어줄 수 있었기 때문이었다. 그에 대한 반대급부로 중국은 북핵문제를 빌미로 북한에 대한 영향력을 증가시켰다. 앞서 기술하였듯 북한이 신의주에 경제특구를 건설하는 것을 막기 위해 IAEA(국제원자력기구)에서 북한에 대한 핵문제 논의를 이용하여 북한을 견제한 것은 가장 대표적인 예라 할 것이다. 둘째, 북핵으로 인해 중국의 한국 정부에 대한 영향력도 동시에 증대되었다. 북핵문제 해결을 위한 6자 회담에서 북핵 해결의 열쇠를 쥐고 있는 것은 북한에 가장 많은 영향력을 행사하는 중국이기 때문이다. 과거 북핵문제 해결을 외교적 목표 1순위로 둔 한국 정부로서는 중국의 눈치를 더 볼 수밖에 없었던 것이다. 셋째, 중국이 바라는 남·북한이 적절하게 대립하면서 긴장상태를 유지하고 있는 상태에 북핵이 일조를 하고 있으며, 북핵은 한반도 평화체제 구축 및 남·북 화해에 중요한 걸림돌이 되기 때문에 중국의 국가 이익에 합치되었다.

그러나 다른 한편으로는 북한의 핵개발은 미국의 북한에 대한 군사개입의 빌미를 제공하기 때문에 중국은 이를 방지하기 위해 철저하게 6자 회담 등과 같은 다자 간 대화기구 안에서 북핵문제를 다루려고 할 것이고, 앞으로도 북핵문제를 통제 가능한 범위에 두고 충분히 활용할 것이다. 북한의 핵문제는 중국에게 있어 '물 또는 불'과도 같은 존재인데, 적절히 관리를 잘하면 매우 유용하게 사용될 수 있지만, 통제범위를 넘어서면 걷잡을 수 없기 때문에 이러한 점에서 중국은 북한 핵문제를 6자회담과 같은 다자 간 대화기구를 통해 다루고자 할 것이다. 좀 더 거칠게 표현하자면 북한 핵문제 해결을 위한 다자 간 회담을 통해 중국이 얻고자 하는 것은 북한 핵문제의 평화적 해결이 아니라 종국적으로는 첫째, 북한 핵문제를 빌미로 한 미국의 북한에 대한 군사개입을 방지하는 것이고, 둘째, 북한의 핵문제가 미국의 군사개입을 야기할 정도의 수준이 되지 않도록 적절하게 북한을 통제하고 관리하는 것일 것이다.

이처럼 중국의 對한반도 정책인 '느슨한 남·북 긴장상태의 현상 유지 전략'에 있어 가장 중요한 것은 북한의 존속이며, 이를 위해 중국은 미국의 북한에 대한 군사개입을 방지해야 하고, 현재 북·미 간 가장 문제가 되고 있는 북핵문제에 있어서 미국의 군사개입을 막기 위해 다자 간 회담 등 국제 제도권 안에서의 논의를 지속적으로 추구할 것이다. 앞으로도 중국이 북핵문제 해결에 전향적

자세를 취할 가능성은 없다. 중국은 북한에 대해 두 가지 선택지를 가지고 있을 것이다. 그 선택지 안에는 북한을 붕괴시키는 선택지는 없다. 다만 김정은을 제거하고 친중정권을 탄생시키느냐, 아니면 김정은 정권을 유지시키느냐 하는 것일 것이다. 북한 김정일의 장남 김정남이 살아있었던 것도 이러한 선택지 안에서 설명이 가능한 것이었다. 그리고 김정은이 김정남을 암살한 것도 중국의 선택지에 대한 김정은의 반발과 관련이 있었던 것이다.

중국의 對일본 전략 : 'SLOC 장악' 및 '한국을 통한 일본의 통제'

일본의 군사적 국가전략은 다음과 같이 요약할 수 있다. ① 국가 최우선 안보 목표로서 SLOC(해상교통로)의 안전 보장, ② 헌법개정을 통한 보통 국가화 및 군비 증강을 통한 SLOC(해상교통로) 보호, ③ 미·일 동맹 강화에 있다. 일본의 최우선적 안보 목표이자 유일한 안보 목표는 자국의 에너지 자원 수입로이자, 물품의 수·출입로인 SLOC(해상교통로)의 안전 보장이다. SLOC(해상교통로)의 안전 보장은 곧 에너지안보·경제안보와 직결되는 국가 생존의 문제가 된다. 국가 생존이 걸린 대만분쟁, 센카쿠열도(釣魚島) 분쟁, 남사군도(Spratly Islands) 분쟁에 관하여 일본은 미국의 對중국 해상봉쇄에 적극 참여할 수밖에 없다. 미국의 대중국 봉쇄정책과 일본의 국가안보가 정확히 일치하기 때문이다.

미국은 對중국 해상봉쇄를 위한 동중국해에서의 미국의 역할을 일본이 좀 더 많이 분담해주기를 바라고 있는데, 이러한 미국의 입장 역시 일본의 국가전략과 일치한다. 2차 세계대전 패전 이후 평화헌법에 의해 군비 증강의 한계를 가지고 있는 일본은 미국의 양해 하에 영토 분쟁지역에서의 군사우위와 국가생존에 있어 가장 중요한 SLOC(해상교통로) 안전 보장을 위해 보통 국가로서의 군사력을 보유하고자 하고 있다. 그러나 국내 정치를 위해 일본 지도자들이 행하고 있는 과거사 발언, 야스쿠니 신사참배 등은 주변국들과의 갈등을 야기하여 다른 국가들로부터 우려의 시선을 받고 있는데, 이에 대해 미국 역시 곤혹스럽기는 마찬가지일 것이다. 일본에게 있어 미국이 주도하는 對중국 해상봉쇄 라인은 일본의 SLOC(해상교통로) 안전 보장을 위해 절대적이니만큼, 에너지 수입과 물품 수출입을 오로지 해상운송에 의지할 수밖에 없는 일본의 입장에 있어서는 군사적 안보 측면에서 對미국 의존도는 계속 유지되거나 심화될 전망이다.

중국 입장에서는 일본의 동·남 중국해의 SLOC(해상교통로)를 장악할 수 있다면, 싸우지 않고도 일본의 무릎을 꿇게 만들 수 있고, 미·일 군사동맹도 분쇄시킬 수 있다. 부전승을 위해 伐謀하고 伐交하는 방법이 너무도 단순하고 명확하다. 중국은 이를 위해 미·일 동맹을 분쇄하고자 할 것이고, 일본이 헌법 개정으로 보통국가화한 후 군사력을 증강하여 동·남 중국해에 전투력을 투사하는 능력을 갖지 못하도록 저지시키고자 할 것이다. 이를 위해 중국은 한·미·일 3각 동맹의 가장 약한 고리인 한국과 일본의 관계를 끊임없이 이간질시키고자 하고 있다. 중국은 한국을 통해 일본의 평화헌법 개정, 재무장, 군비 증강에 대해 부정적인 국제여론을 확산시키도록 하고 있으며, 한국으로 하여금 일본과 협력하여 동·남중국해에서 중국의 해상패권을 저지할 수 없도록 하고 있는데, 한국의 일부 정치인들은 중국의 충실한 하수인이 되어 반일선동으로 이를 아주 충실히 수행해주고 있다.

손자병법을 통해 본 대북전략

[북한 핵문제]

한국의 대북정책에 있어 가장 중요한 이슈는 북한 핵문제이다. 두말할 필요 없이 북한 핵문제의 핵심은 '북한은 핵을 포기할까?'라는 질문이다. 결론부터 말하자면 절대로 포기하지 않을 것이다. 좌파 정치인들은 북한에게 상응하는 보상이 주어진다면 핵을 포기할 것이라는 낙관론을 가지고 있지만, 그것은 상상 속에서나 일어날 법한 일이다. 북한의 핵개발의 원인은 크게 대외적인 요인과 대내적인 요인으로 구분할 수 있다.

북한 핵개발의 대외적 요인으로는 북한의 국제적 고립을 들 수 있다. 소련 붕괴 이후 1990년 한국과 러시아 간 공식수교, 1992년 한국과 중국 간의 공식수교에 따른 북한의 국제사회 고립을 탈

피하기 위한 조치였다. 1990년에 한국과 러시아, 1992년에 한국과 중국이 수교를 하면서 북한은 고립되었을 뿐만 아니라 중국·러시아와의 관계는 갈등으로 치달았다. 북한은 고립되자 1993년 NPT(핵확산금지조약)를 탈퇴하였고, 이후 1994년에 '준전시상태 선포', '서울 불바다' 발언, 1995년에 '군사 정전위 폐지 및 휴정협정 폐지 주장', 1996년에 '강릉무장공비침투 사건' 등의 호전적인 발언과 행위를 서슴지 않으면서 남북관계를 급박한 긴장상태로 몰아가는 '벼랑끝 전술'을 펼쳤다. 여기에 더하여 1995년과 1996년에 최악의 식량난 사태를 겪게 되었다. 대외적으로는 핵개발로 인한 미국 등 서방세력의 군사적 압박에, 내부적으로는 극심한 식량난에 직면한 것이다. 이러한 상황이 초래되자 북한의 존속이 자국의 對한반도 전략에 있어서 매우 중요했던 중국은 1996년에 북한에 식량원조를 약속하게 되면서 북한과의 관계를 다시 개선하기 시작했다. 북한과 중국 간의 관계가 개선되기 시작하자 자국의 북한에 대한 영향력 감소 및 그에 따른 동북아에서의 봉쇄를 우려한 러시아는 1997년부터 곧바로 기존의 북한과 맺었던 '북·중 우호, 협조 및 호상 원조에 관한 조약'을 대신하는 새로운 조약체결을 위한 협상을 시작하면서 북한과의 관계를 개선하기 시작했으며, 2000년 2월에 북한과 러시아는 '조(朝)·러 친선, 선린 및 협조에 관한 조약'을 체결하였다. 같은 해 7월에는 푸틴 러시아 대통령이 북한을 방문하는 등 양 국가는 1996년을 기점으로 냉각기에서 화해·협력관계 강화로 발전하게 되었다. 특히 이러한 러시아의 정책변화는,

1996년 KEDO(한반도 에너지 개발기구)[12]가 북한 경수로를 선정하는 과정에서 러시아형이 아닌 한국형이 채택되고, 북한 핵문제의 해결에 있어 미국과 한국, 중국과 북한의 4자 회담으로 러시아가 배제되면서부터였다. KEDO(한반도 에너지 개발기구)의 경수로 협상에서 러시아는 줄곧 자국형 경수로를 채택해줄 것을 요구했으며, 북한의 핵문제 해결을 위해 남·북한과 러시아·중국·미국·일본·UN·IAEA(국제원자력기구) 대표가 참가하는 8자 회담을 주장하였었다.

북한 핵개발의 대내적 요인으로는 북한 내부의 동요 억제에 있었다. 사회학자 엘런 케이 트림버거(Ellen Kay Trimberger)는 그의 저서[13]에서 한 정권의 급격한 붕괴 원인으로 '상향식 혁명(Revolution from below)'과 '하향식 혁명(Revolution from above)'을 들었다. 전자는 프랑스 대혁명 등 대중 봉기를 수반하는 혁명을 말하며, 후자는 일본의 메이지유신, 터키 혁명 등과 같이 대중 봉기 없는 엘리트들에 의한 체제변혁이 발생함으로써 야기될 수 있다고

---

12   Korea Energy Development Organization. 북한의 경수로 사업 추진을 지원하기 위해 구성된 국제 콘소시엄의 명칭이다. 1994년 10월 북한 핵문제 해결을 위한 북·미 간의 준고위급 회담에서 경수로 협상이 타결되어 노형(爐型)과 주계약자 선정권 등 거의 모든 권한이 KEDO에 맡겨짐으로써, KEDO는 명목적인 기구에서 실질적인 결정기구로 부상하게 되었다. 1995년 3월 9일 정식으로 발족했다. 일종의 국제 차관단 성격을 띠고 있으며 본부는 뉴욕으로 결정되었다. 회원국은 현재 한국, 일본, 미국 등 3개국이나 재정적인 부담을 전제로 어느 국가나 참여가 가능하다.

13   Ellen Kay Trimberger, 「Revolution from Above : military bureaucrats and development in Japan, Turkey, Egypt and Peru」(New Brunswick : Transaction Books, 1978)

하였다. 특히 하향식 혁명의 경우 국가와 그 관료제가 국제적 압력에 성공적으로 대처할 수 없을 만큼 취약할 때, 이를 효과적으로 대처할 수 있을 만큼 능력을 구비하기 위해서, 군사관료를 중심으로 한 엘리트들에 의해 대중의 동원 없이 발생한다고 하였다. 북한의 핵개발은 군사관료들로 하여금 1993년 당시 한국과 미국 압박, 그리고 중국과 러시아의 외면이라는 국제정세 속에서도 북한이 성공적으로 대처할 수 있다는 선언이었다. 북한 핵은 김씨 세습정권의 자신감을 의미하며, 군부의 위기감을 불식시키고 지지를 얻어내는 중요한 도구가 되고 있다.

'북한은 핵을 포기할까?'라는 질문에 '아니다'라고 대답한 이유에 대해서는 위와 같은 북한 핵개발의 대외적, 대내적 요인을 살펴보면 충분히 설명이 가능하다. '북한 핵 = 북한정권 유지의 유일한 수단'이다. 핵 포기를 대가로 북한에게 주는 어떠한 당근책도 북한정권 유지라는 효용보다 더 클 수 없다. 이는 과거에도 그랬고, 앞으로도 북한 핵문제 해결을 위한 북한과의 대화는 아무런 소득이 없을 것이라는 것을 의미한다. 직접적인 대화뿐만 아니라, 중국을 포함한 다자 간 대화에서도 마찬가지이다. 중국이 북한 핵문제를 해결할 수 있는 영향력이 있을까? 없다. 미국이 북한과 수교하고 북한에 대한 경제제재를 풀어 개혁개방을 지원한다고 하면 북한이 핵을 포기할까? 아니다.

우리는 북한 핵문제에 있어 유심히 지켜봐야 할 사안이 있다. 첫째는 핵무기의 운송수단(Delivery System)에 있어서 북한이 SLBM (Submarine-Launched Ballistic Missile, 잠수함 발사 탄도미사일)의 발사 성공 여부이다. 둘째 핵실험을 통한 소형탄두, 즉 전술핵의 개발 여부이다. 어느 것이든 성공이 확인된다면 미국의 북한에 대한 직접적인 군사적 개입을 야기할 수 있다는 점을 알아야 한다. 북한이 SLBM 발사를 성공했다는 것은, 북한이 SLBM을 통해 미국 본토를 공격할 경우, 미국이 대응할 수 없다는 것을 의미한다. 북한이 소형핵탄두 개발에 성공하였다는 것은 북한의 소형핵이 테러에 사용될 수 있다는 것을 의미한다. 미국 본토뿐만 아니라, 세계 미국의 전략자산에 대한 테러가 발생할 수 있다는 것을 의미한다. 미국 정부는 2023년에 북한이 전술핵을 개발하기 위한 핵실험에 착수할 것이라고 보고 있다.

한국과 미국을 제외한 북한의 SLBM 및 전술핵 개발에 민감한 국가는 누구일까? 고민할 필요 없이 당연히 중국이다. 중국은 한반도에서 북한의 존속이 중요하다는 전략적 견해를 가지고 있다. 북한을 통해 남한을 견제하고, 또 남한을 통해 북한을 견제하는 이이제이(以夷制夷) 전략을 추구하고 있다. 앞서 말했듯, 북한의 SLBM과 전술핵의 개발 또는 북한의 대남 도발은 중국이 한반도에서 원하는 '느슨한 남북 긴장상태의 현상유지' 전략에 반한다. '느슨한' 상태가 아닌 '급박한' 상태가 되는 것이다. 북한의 핵문제 및 도발에 대해 한국과 미국의 군사적 개입의 가능성이 증가할수록 중국은 북한을 통제하려 들 것이다. 한국의 핵무장론도 이와 같은 배경에서 논의될 수 있는 것이다.

[손자의 부전승(不戰勝)·전승(全勝) 사상 및 간접접근전략을 통한 대북전략]

　대북전략에 있어 두 가지 사안이 중요하다. 첫째 한반도에서 남·북한 간의 전쟁은 상호 공멸이라는 것이다. 따라서 한국의 대북전략은 손자의 '부전승(不戰勝) 사상, 전승(全勝) 사상'을 반드시 염두에 두어야 한다는 것이다. 둘째 북한과 직접적인 대화는 실효성이 없다는 점이다. 북한과 전쟁을 하지 않고 북한을 굴복시키기 위해서는 손자가 제시한 부전승 사상의 방법론, ① 벌모(伐謀), ② 벌교(伐交), ③ 해(害)로써 북한을 굴복시키는 방법, ④ 업(業)로써 북한을 분주하게 만드는 방법, ⑤ 이(利)로써 북한이 이를 쫓게 만드는 방법 모두를 사용해야 한다.

　북한에 대해 벌모(伐謀) 전략은 북한의 대남적화전략을 무력화시킨다는 것으로 '대간(對間) 전략'으로 표현할 수 있다. 북한은 대남적화전략으로, 대외적 전략으로는 ① 한반도의 정전체제 종식, ② 이에 따른 미군의 철수, ③ 한국을 배제한 미국과의 직접적인 대화, ④ 국제사회에서의 한국 고립을 목표로 하였다. 한국에 대한 전략으로는 통일전선전략을 추구하였다. 한국 내의 학생과 지식인 등을 통한 투쟁을 기폭제로 하여 개인이나 단체 또는 반대노선과도 연합해 혁명세력을 결집하여 궁극적으로 적화통일을 이루려는 전략을 추구해왔다. 그러나 대외적 전략은 한국의 국력 상승에 따라 그 실현 가능성이 거의 사라졌고, 오히려 국제사회에서 북한의 고립을 걱정해야 하는 상황에 처해졌다. 현재의 단계에서 북한에 대한 벌모(伐謀)의 실제적 방법은 북한의 대남 통일전선전략을 무력화시키는 것에 집중될 수밖에 없으며, 이를 위해 좌파 정치인 단체들이 주장하는 국정원의 역할 축소를 방지하고 방첩활동을 철저히 함으로써 대간(對間) 전략을 강화해야 한다.

북한에 대한 벌교(伐交) 전략은 현재의 시점에서는 '북중이간전략'으로 나타날 수 있다. 중국과 북한 간의 관계를 이간시켜야 한다. 중국과 북한 간의 가장 큰 이슈는 바로 중국의 북한정권에 대한 개입문제이다. 김정은의 형 김정남이 해외에서 생활하며 살아있었던 이유도 중국과 관련이 있고, 또 김정은이 김정남을 암살한 것도 중국과의 관계에서 비롯된 것으로 볼 수 있다. 북한은 유지시키되, '김씨 일가의 세습을 이젠 끝낼 필요가 있다는 인식'을 중국이 갖게끔 하는 것이 가장 중요한 핵심이다. 김정은이 정권을 잡은 이후 발생한 많은 숙청들은 중국과 관련이 깊을 것으로 추측된다.

해(害)로써 북한을 굴복시키는 방법으로 'Tit for Tat 전략'을 들 수 있다. '눈에는 눈, 이에는 이' 전략이며, 국제정치학적 용어로는 상호주의라고 한다. 북한의 국지 도발 행위에 대해서는 그 이상의 단호한 대응과 응징으로 북한의 도발을 좌시해서는 안 된다. 북한이 군사적 도발을 할 경우 그 이상의 대가를 치룰 수 있다는 인식을 북한에게 심어줘야 한다. 지난 이명박 정부 당시 연평도 포격사태가 발생했을 때, 이명박 정부는 북한에 대한 강경한 상호주의 기조를 유지하였음에도 북한에 대해 아무런 대응도 하지 못했다. 북한에 대하여 강경한 상호주의 기조 하에서는 북한의 이러한 도발 행위에 대해 철저히 응징해야 했지만, 이도 저도 아닌 것이 되어버린 것이다. 이를 두고 언론에서는 '이명박 대통령은 양치기 소년인가', '확전 방지, 단호한 대응, 대통령의 의지가 무엇인가'라는 등의 논평을 쏟아낸 바 있다. 예하부대에서는 북한의 국지 도발에 대해 대응 매뉴얼을 만들고 이에 따라 훈련을 하고 있지만, 국가적 차원에서의 전략적 대응 매뉴얼은 없었던 것이다. 이명박 정부의 실수를 되풀이하지 않기 위해서는 '예상 가능한 북한의 도발 수단과 방법, 수위에 따라 어떠한 무기체계와 어떠한 부대로 하여금 어느 지역과 시설을 어떠한 규모로 타격할 것인가'라는 대응 매뉴얼이 만들어져야만 하고, 그러한 응징은 북한의 무력 도발로부터 10분 이내에 완료되어야 한다. 최일선 부대에서 합참까지 보고가 올라오고 합참의장이 국방부장관에게, 국방부장관이 대통령에게 보고한 뒤, 국가안전보장회의가 소집되어 대통령의 최종 결심이 있기까지는 너무 많은 시간이 소요된다. 따라서 일선 부대 지휘관에 의해 즉각적인 조치가 가능하도록 대응 매뉴얼에 따라 행동하는, '선조치 후 보고'를 할 수 있는 재량권을 부여해야 한다.

업(業)으로써 북한을 분주하게 만드는 방법은 북한에 대한 '내부분열전략'으로 나타날 수 있다. 북한을 지탱하는 두 가지 큰 축은 김씨 왕조 세습에 대한 충성과 군대라고 볼 수 있다. 북한 주민들로 하여금 김씨 왕조 세습에 대해 의문을 가지도록 해야 한다. 군대에서는 상하와 좌우가 서로 믿지 못하게 해야 한다. '내부분열전략'에 있어 가장 중요하게 고려되어야 하는 것은 심리전이다. 이미 수많은 경제제재 속에서도 김씨 일가의 공포정치와 선군(先軍) 정치로 버텨온 북한이기에 경제적 문제 이외 다른 방안들을 강구해야 하는데, 최근 북한이 북한 주민들에 급속히 퍼진 한국 문화 콘텐츠와 한류에 대한 대대적 단속을 하고 있다. 이러한 점은 매우 유의해서 지켜볼 필요가 있다.

이(利)로써 북한의 관심을 다른 곳으로 돌리는 방법, 즉 당근책에는 직접적인 인도적·민족적 직접지원전략과 간접접근전략을 사용하는 방법이 있다. 물론 이 방법은 북한에 대한 경제제재로 인해 지금 당장은 실행될 수 없는 한계를 가지고 있다는 점을 미리 말해 둔다. 북한의 급작스러운 경착륙으로 인한 통일 비용은 한국 경제규모로서는 감당할 수 없다는 점에 대해서는 정부뿐만 아니라 민간연구기관에서 발표된 바 있고, 이에 따라 통일세 등도 논의된 바 있다. 따라서 북한의 연착륙을 유도하고 통일 비용을 최소화하기 위한 북한 내 SOC 건설투자, 농업기술 이전, 농업 생산성 확대를 위한 노력 등을 해가야 한다. 이런 과정에서 북한 주민들의 식량문제는 최소한 해결될 수 있도록 노력해야 한다. 북한에 대한 인도적·민족적 차원에서의 지원은 북한의 연착륙을 유도하고, 통일 비용 부담의 최소화에 그 주된 목적이 있다. 또한 먹고 사는 문제가 해결되지 않아 발생하는 사회 불안을 잠재우기 위해 북한정권이

'고의적인 위기 국가의 유지'라는 노선을 선택하지 않도록 만들 수도 있다. 우리는 대북정책에 있어 대단히 감성적으로 접근한다. 한국이 북한에 대해 인도적·민족적 지원을 해주면 북한도 변할 것이라는 좌파정권의 생각이 그것이다. 또 북한에 대한 인도적·민족적 지원은 북한정권만 연장시켜 줄 뿐이고 한반도 평화와는 관련이 없다는 일부 우파의 생각이 그것이다. 그러나 대북문제는 좌·우를 떠나 전략적·거시적·장기적 시각에서 바라보아야 한다는 점을 다시 한 번 강조하고 싶다.

대북정책에 있어 당근책의 수행방법으로《손자병법》에서 말하는 우직지계(迂直之計), 즉 간접접근전략을 활용해야 한다. 남북한 간의 직접적인 대화에서 한국이 얻을 수 있는 것은 극히 드물다. 왜냐하면 북한의 외교전략 목표 자체가 한국에 있지 않기 때문이다. 북한은 한국의 행위에 상관없이 주변 4강, 특히 중국과 미국과의 관계에 따라 자신들의 정책을 결정해왔고, 앞으로도 그럴 것이다. 따라서 한국은 북한과의 직접 상대 또는 직접 대화보다는 간접접근전략의 일환으로서 국제 제도권, 기구 안에 북한을 편입시켜, 그 안에서 북한과 대화하고 한반도의 평화체제를 구축해 나가야 한다. 이런 간접접근전략을 구상함에 있어서는 우선적으로 한국과 북한의 공통된 이익이 무엇인지 찾아야 한다. 왜냐하면 상반되지 않는 공동 이익과 관련한 국제제도 또는 기구이어야 양국이 공동으로 참여할 수 있기 때문이다. 이러한 점에 비추어 본다면 남북한이 공공으로 참여할 수 있는 가장 가능성이 높은 국제제도 또는 기구는 TSR(Trans-Siberian Railway, 시베리아횡단철도)과 러시아에서 한반도로 이어지는 천연가스·석유 파이프라인에 관련된 제도 또는 기구가 될 것이다.

TSR(시베리아횡단철도)과 관련하여서는 이미 구성되어 남북한이 같이 가입되어 있는 국제철도협력기구(OSJD)[14]를 활용할 수도 있

---

14 1956년 불가리아의 수도 소피아에서 결성된 소련 및 동유럽권 국가들 간의 철도부문 협력기구. 러시아와 중국, 북한, 몽골, 카자흐스탄, 대한민국 등 29개국이 정회원으로 가입돼 있으며 유럽-아시아 철도 복합 운송을 위한 국가 간 협력과 국제철도여객, 화물운송협정 등의 업무를 관장하고 있다. 현 OSJD위원회는 폴란드 바르샤바에 위치한다. 한국 정부는 북한의 반대 등으로 정회원으로 가입하지 못하다가 한국철도공사가 2014년 3월 21일 제휴기관 자격을 우선 취득 후 2018년 6월 7일 정회원에 가입했다.

을 것이다. 석유 및 천연가스 파이프라인의 한반도 연결과 관련하여서도 러시아, 북한, 한국 등 다자 간 협의체가 구성될 수도 있다. TSR(시베리아횡단철도)과 시베리아의 천연가스·석유 파이프라인이 북한지역을 통과한다면, 북한으로서는 물류로 인한 수수료 등 안정적인 수입원을 얻을 수 있고, 또한 그 수수료를 러시아로부터 에너지 공급을 받는 것으로 대신할 수도 있다. TSR(시베리아횡단철도)의 한반도 연결은 북한이 추진하고 있는 나진·선봉 경제특구에 대한 기업들의 입지 여건을 강화시켜 세계 기업들의 투자와 관련하여서도 큰 성과를 얻을 수 있을 것이다.

북한에 대한 인도적·민족적 직접지원전략과 간접접근전략과 관련하여 《손자병법》 제8편 구변(九變)편의 내용을 생각해볼 필요가 있다. 구변(九變)편에서는 전투를 할 때는 아홉 가지의 변화와 다섯 가지의 이로움을 알아야 한다고 하면서 구변오리(九變五利)를 강조한 바 있는데, 그 중 '圍師必闕'라는 문구가 있다. '적을 포위할 때 반드시 틈을 개방하여 퇴로를 만들어주라'는 것이다. 혹자는 적을 완전히 포위하여 섬멸하는 것이 더 좋은 것이 아닌가? 하는 의문을 가질 수도 있다. 그러나 도망갈 틈이 없이 완전히 포위된 적은 죽기를 각오하는 전투의지로 아군에 대항하게 된다. 즉 적을 전멸시키기도 힘들고, 아군의 피해도 커지게 된다. 그러나 도망갈 틈이 있는 적은 죽기를 각오하고 싸우려 하기보다는 우선 살기 위해 그 틈으로 도망갈 생각부터 하게 된다. 즉 전투의지보다는 생존의지가 앞서게 된다. 아군은 이런 적을 쉽게 굴복시킬 수 있게 되는 것이다. 남북관계에 있어 생각해볼 손자의 가르침이다.

한국의 대북정책과 관련하여, 손자의 부전승(不戰勝) 사상의 방법론인 벌모(伐謀), 벌교(伐交), 해(害), 업(業), 이(利)의 방법은 현 시점에서 각각 ① 벌모(伐謀) : 대간(對間) 전략, ② 벌교(伐交) : 북중이간전략, ③ 해(害) : Tit for Tat 전략, ④ 업(業) : 내부분열전략, ⑤ 이(利) : 인도적·민족적 직접지원전략 및 간접접근전략으로 나타날 수 있다. 지금까지의 한국의 대북정책 및 현재와 앞으로의 대북정책은 손자가 제시한 부전승 방법론의 범주를 벗어나지 않는다.《손자병법》의 가르침만으로도 충분히 대북정책을 세우고 추진할 수 있는 것이다. 정책결정자들이 새겨볼 만한 내용이다.

Chapter 04
속전속결(速戰速決) 전략

손자에게 물었다.
"부전승을 할 수 없고 부득이 전쟁을 해야 하는 경우
가장 중요한 것은 무엇입니까?"

손자가 대답했다.
"속전속결해야 한다."

'속전속결(速戰速決) 전략'에 관한 《손자병법》의 기술

《손자병법》 모공편(謀攻篇)에서 손자는 부전승을 논하면서 적국과의 분쟁상황에서는 '먼저 적의 계략을 분쇄하고, 그 다음 방법으로는 적의 외교관계를 무력화시키고, 그 다음 방법으로 적의 병력을 직접 공격하고, 가장 하급의 방법은 적의 성을 공격하는 것이다'라고 기술한 바 있다. 물리적·유형적·군사적 충돌을 회피할 수 없을 때는 결국 적의 병력을 직접 공격(伐兵)하는데, 이때는 속전속결로 신속히 전쟁을 끝내야 하고 장기전을 하지 말아야 한다는 것이 손자의 핵심 사상이다. 전쟁을 하지 않고 국가 간의 분쟁을 해결하도록 노력하고, 부득이 전쟁이라는 수단을 선택해야 한다면 속전속결하라는 것이 《손자병법》의 핵심이며, 《손자병법》 제2편 작전(作戰)편에서는 다음과 같이 기술하고 있다.

《손자병법》 제2편 작전(作戰)편

其用戰也貴勝, 久則鈍兵挫銳, 功城則力屈,
기 용 전 야 귀 승   구 즉 둔 병 좌 예   공 성 즉 역 굴
久暴師則國用不足.
구 폭 사 즉 국 용 부 족

전쟁을 함에 승리하는 게 귀한 것인데, 전쟁을 오래 끌면 병기는 무디어지고, 군대의 예기(사기)는 꺾이게 되며, 성을 공격하면 곧 전력이 다하니, 군사를 밖에 오래 드러내 놓으면 곧 국가 재정이 부족하게 된다.

夫鈍兵 挫銳 屈力殫貨, 則諸侯乘其弊而起, 雖有智者
부 둔 병   좌 예   굴 력 탄 화   즉 제 후 승 기 폐 이 기   수 유 지 자
不能善其後矣.
불 능 선 기 후 의

대저 병기가 무디어지고, 예기(사기)가 꺾이고, 전력이 다하고, 재정이 다하면, 곧 다른 제후들이 그 폐해에 편승하여 일어나니, 비록 지모가 있는 자가 있을지라도, 그 후의 상황을 잘 수습할 수 없다.

故兵聞拙速 未睹巧之久也, 未兵久而國利者 未之有也.
고 병 문 졸 속   미 도 교 지 구 야   미 병 구 이 국 리 자   미 지 유 야
故不盡知用兵之害者, 則不能盡知用兵之利也.
고 부 진 지 용 병 지 해 자   즉 불 능 진 지 용 병 지 리 야

고로 전쟁 수행이 준비가 덜 되었더라도 속전속결해야 함은 들었어도, 교묘한 술책으로 오래 하였다는 것은 아직 보지 못했다. 대저 전쟁은 오래 끌어 국가에 이롭게 한 것은 아직 없다. 고로 용병(전쟁)의 해를 다 모르는 자는, 곧 용병(전쟁)의 이익을 다 알지 못하는 것이다.

故兵貴勝 不貴久, 故知兵之將 民之司命 國家安危之主也.
고 병 귀 승   불 귀 구   고 지 병 지 장   민 지 사 명   국 가 안 위 지 주 야

고로 전쟁은 승리를 귀하게 여기지만 오래 끄는 것을 귀하게 여기지 않는다. 고로 (이러한 이치의) 전쟁을 아는 장수는, 국민의 생명을 맡은 자요, 국가 안위의 주인이다.

앞서《손자병법》제3편 모공(謀攻)편에서는 부전승을 강조하면서 "故上兵伐謀 其次伐交 其次伐兵 其下攻城 攻城之法爲不得已"라고 하여 "가장 하급의 방법은 적의 성을 공격하는 것으로, 적의 성을 공격하는 것은 부득이한 경우에만 하여야 한다"고 하였다. 왜냐하면 적의 성을 공격하기 위해서는 많은 시간이 소요되기 때문에 결국 장기전을 치룰 수밖에 없기 때문이다. 《손자병법》에서 '공성(攻城)'은 장기전, 지구전을 말한다. 공성이 왜 장기전이 될 수밖에 없는지에 대해서는 《손자병법》제3편 모공(謀攻)편에서는 다음과 같이 기술하고 있다.

《손자병법》 제3편 모공(謀攻)편

修櫓轒轀 具器械 三月而後成 距闉 又三月而後已
수 로 분 온 구 기 계 삼 월 이 후 성 거 인 우 삼 월 이 후 이
將不勝其忿而蟻附之 殺士卒三分之一 而城不拔者
장 불 승 기 분 이 의 부 지 살 사 졸 삼 분 지 일 이 성 불 발 자
此攻之災也.
차 공 지 재 야

노(방패), 분온(공성수레)을 수리하고, 기계를 갖추는 데 석 달 이후 가능하고, 거인(성벽에 붙여 쌓은 흙산, 土山)은 또한 석 달 후에 마칠 수 있다. 장수가 그 분을 이기지 못하고 그것(성벽)에 의부(개미처럼 성벽에 기어오르게 함)하면, 병사들의 3분의 1이 죽고 성은 뺏지 못하는데, 이것이 공(성)의 재앙이다.

공성 장비를 갖추는 데 3개월, 또 성을 공격하기 위한 토산을 쌓는 데만 3개월, 총 6개월이 걸리고 또 훈련까지 마쳐야 한다. 그렇다면 거의 1년에 가까운 시기를 군이 둔을 치고 적과 대치하며 야전에서 숙영을 하여야 하는데, 하루에 천금씩 들어가는 비용을 어

찌 감당할 것이며, 그로 인해 백성들이 입는 폐해는 심해지고, 결국 나라가 국력이 기울어지니 공성의 방법(장기전)은 피해야 한다는 것이다. 이러한 준비도 없이 속전속결한다고 병사들로 하여금 성을 기어오르게 하여 성을 공격했다가는 병력의 30% 이상을 잃고서도 성을 함락시킬 수 없을 것이니, 바로 공성의 재앙이 시작된다고 하는 것이다. 그러기에 적의 성을 공격하는 것은 부득이한 경우에만 선택해야 할 수단임을 강조한 것이다. 나아가 아울러 장기전은 절대로 피해야 함을 말하고 있다.

이 밖에 속전속결을 강조한 《손자병법》의 내용으로는 앞서 '부전승 사상'에서 소개한 모공(謀攻)편의 "故善用兵者 屈人之兵 而非戰也 拔人之城 而非攻也 毀人之國 而非久也. 必以全爭於天下 故兵不頓 而利可全 此謀攻之法也"이다. "적국을 무너뜨릴 때에는 지구전을 해서는 안 된다"라고 강조를 하고 있는데, 이 역시 속전속결을 강조한 내용이다. 손자가 속전속결을 강조한 것은 전쟁에서의 승리를 위해서 뿐만 아니라, 전쟁이 국민(백성)에게 미치는 폐해가 컸기 때문이었다. 또한 《손자병법》 구지(九地)편에서는 아래와 같은 기술이 있다. 아군의 군대가 신속하게 기동을 하여 적국에게 위협을 가하면, 교전 없이 적의 성을 함락시킬 수 있고, 적국을 깨뜨릴 수 있다는 것이다. 왜냐하면 아군의 신속한 기동으로 적국은 군사동맹을 맺은 다른 주변국들의 도움을 받을 수도 없게 되고, 또 병사들을 징집하여 편성할 만한 시간적 여유도 없었기에 아국의 군대에 대응할 수 없게 되기 때문이다. 따라서 이러한 경우 주변국들을 내 편으로 만들기 위해 외교적 경쟁을 할 필요도 없고, 또 다른 주변국들로 하여금 적국을 도와주지 못하도록 강요하기 위한 힘을 기를 필요도 없으니, 오로지 내 힘만으로 적국을 무너뜨릴 수 있다는 것이다. 교전 없이 적이 예상하지 못한 시간과 장소로 신속히 기동하여 위세를 보이는 것만으로 적을 굴복시킬 수 있다는 것이다.

《손자병법》 제11편 구지(九地)편

夫霸王之兵 伐大國 則其衆不得聚, 威可於敵,
부 패 왕 지 병 벌 대 국 즉 기 중 부 득 취   위 가 어 적
則其交不得合. 是故不爭天下之交 不養天下之權.
즉 기 교 부 득 합   시 고 불 쟁 천 하 지 교 부 양 천 하 지 권
信己之私 威加於敵, 故其城可拔 其國可隳.
신 기 지 사 위 가 어 적   고 기 성 가 발 기 국 가 휴

무릇 패왕의 군대가 대국을 치면 곧 (대국의) 부대가 미처 집결할 수 없었는데(너무 신속히 들어가 적국이 병력을 집결시키지도 못하게 하였는데), (패국의) 위세가 적에게 미치면, (너무 급작스러워) 적은 다른 나라와 외교(군사동맹)도 맺을 수 없었다(다른 나라의 도움을 받을 수도 없었다). 이런고로 천하의 외교를 다투지도 않았고, 주변국들 사이에서 패권을 기르지도 않았다. 자신의 개인적 힘만을 믿고 적에게 위세를 가하여도, 적의 성도 함락시킬 수 있고, 적국도 깨뜨릴 수 있는 것이다.

《손자병법》에서는 속전속결의 중요성만을 강조하는 것에서 더 나아가 구체적인 방법들을 상세히 제시하고 있는데, 그 내용들을 살펴보면 현대전에서 전쟁의 기본 전략·전술로 사용하고 있는 기동전의 교리와 동일하다. 기원전 중국의 춘추전국시대에 살았던 손자가 현대 기동전의 구체적인 전술·전략 원칙을 주장하였다는

것은 왜 《손자병법》이 시대를 초월하여 많은 군사전문가들에게 읽혀지고 있는지 알 수 있는 부분이다. 그렇다면 먼저 현대 기동전의 전략·전술은 어떠한 것이고, 손자는 과연 속전속결의 방법으로 어떠한 것들을 제시하였는지 살펴보도록 하겠다.

《손자병법》의 '속전속결 전략'과 기동전

손자가 살았던 중국 춘추전국시대 전쟁이든, 1, 2차 세계대전을 거친 현대의 전쟁이든 간에 모두 공통되고 동일하게 전쟁은 크게 두 가지 기능으로 구성된다. 첫째는 '기동', 둘째는 '화력(교전)'이다. 이 두 가지 기능 중 전쟁의 승패를 결정짓는 요소가 무엇이냐에 따라 기동전과 화력전으로 구분된다. 화력전이란 화력이 전쟁 승패의 결정적 역할을 하는 것인데, 극단적인 화력전의 대표적 사례는 바로 제2차 세계대전에서 일본에 투하된 원자폭탄이다. 단 두 발의 원자폭탄으로 미국은 일본으로부터 항복을 받아냈다. 기동전 하면 흔히 사람들은 기계화 부대를 떠올릴 것이다. 전차, 장갑차, 자주포 등 기계화 부대가 무서운 속도로 전장(戰場)을 질주하고 하늘에서는 전투기들이 공중전을 수행하면서, 동시에 지상군의 진출을 돕기 위해 폭격을 하는 모습을 상상할 수도 있다. 그러나 기동전 하면 우리가 머릿속으로 떠올리는 이러한 그림들은 기동전을 잘못 이해한 데서 비롯된 것이다.

한국 육군은 기동전을 "전(全) 전장(戰場)에서 정보 우위를 달성하고, 적의 약점을 이용하여 적의 종심으로 신속히 기동함으로써 적의 조직을 와해시키고 전투의지를 파괴하여 최소의 전투로 결정적인 승리를 달성하는 공격작전 개념"으로 규정하고 있다. 육군의 기동전 최고 권위자 박기련 (예)대령은 "기동전이란 기동이 결정적으로 승패를 좌우하는 전쟁"으로 규정하면서, "적의 장비와 인원이 직접적으로 부딪쳐서 화력을 교환하는 전투보다는 그 이전에 이러한 전투상황을 유리하게 이끌어내기 위하여 기동이 결정적인 역할을 하는 전쟁이다"라고 설명하였다. 아울러 기동전의 특징으로 ① 정신적 패배의 추구, ② 작전목표는 적의 중추부, ③ 비선형 전선 형성, ④ 단기 속결전의 추구로 설명하였다.[15] 한국전략문제연구소 이사장을 지냈던 홍성태 (예)장군은 기동전의 특징을 ① 정신적 패배의 추구, 즉 교란과 마비를 통한 승리 추구, ② 적보다 한 걸음 앞서는 것, ③ 목표를 지형지물로 선정하는 고식적인 매너리즘의 회피, ④ 상황은 수시로 변하며 이 모든 판단과 계획을 전제로 함, ⑤ 비선형 전선 형성과 상황의 급작스러운 변화를 들었다.[16] 미군은 "기동전은 적이 대응할 수 없는 상황을 조성하는 신속하고 집중적이며, 예기치 못한 방법으로 적의 결집력을 와해하는 것이다"라고 정의하고 있다.

---

15 박기련, 「기동전이란 무엇인가」(일조각, 1998). p. 104.
16 홍성태, 「한국전의 기동전 분석」(교육사령부, 1996), pp. 20-22.

모든 군사전문가들의 의견을 종합하면, 기동전은 기동이 전쟁 승패에 결정적 역할을 하는, 기동으로 전쟁·전투 승리의 결정적인 성과를 획득하는 전쟁·전투 수행방법이다. 속도를 강조하고, 적의 정신적 패배 또는 심리적 마비·결집력의 와해를 추구하는 것이다. 적을 제압함에 있어서 적의 종심지역으로 신속히 기동하여, 적의 두뇌에 해당하는 지휘체제 등을 무력화시킴으로써, 적의 조직력과 전투력을 마비시켜 단기간에 적을 패배시키는 속전속결의 전략·전술을 말한다. 기동전을 전략·전술 교리로 채택한 대표적 사례는 2차 세계대전 시 독일의 '전격전(Blitzkrieg Doctrine)', 현재 미국의 'ALO(Air Land Operation, 공지작전)' 교리, 러시아의 'OMG(Operation Maneuver Group, 작전기동군)' 교리, 한국의 '입체고속기동전' 교리 등이 있다. 위 교리들은 공통적으로 기계화 부대를 통해 적의 전단을 돌입·돌파한 후, 신속히 적의 종심으로 진출하여 적의 두뇌에 해당하는 부분을 무력화시킴으로써 적의 심리적(전투의지) 마비·전투 결집력의 와해를 목적으로 하고 있다.

위의 대표적인 각 국가들의 기동전 교리들로 인해 일부 군장교들이나 군사전문가들은 '기동전 = 기계화 부대'라고 인식하고 있다. 이러한 인식의 바탕 하에서 '기계화 부대도 없었던 중국 춘추전국시대를 살았던 손자가 손자병법에서 기동전을 이야기했다니, 너무 억지스러운 해석이 아닌가?'라는 질문을 할 수도 있다. 그러나 이 모든 것은 이들이 기동전의 개념을 잘못 이해한 데서 비롯된 것이다. 그러나 앞서 기동전을 요약하였듯 기동전은 기동이 전쟁 승패의

<전격전 수행방법>[17]

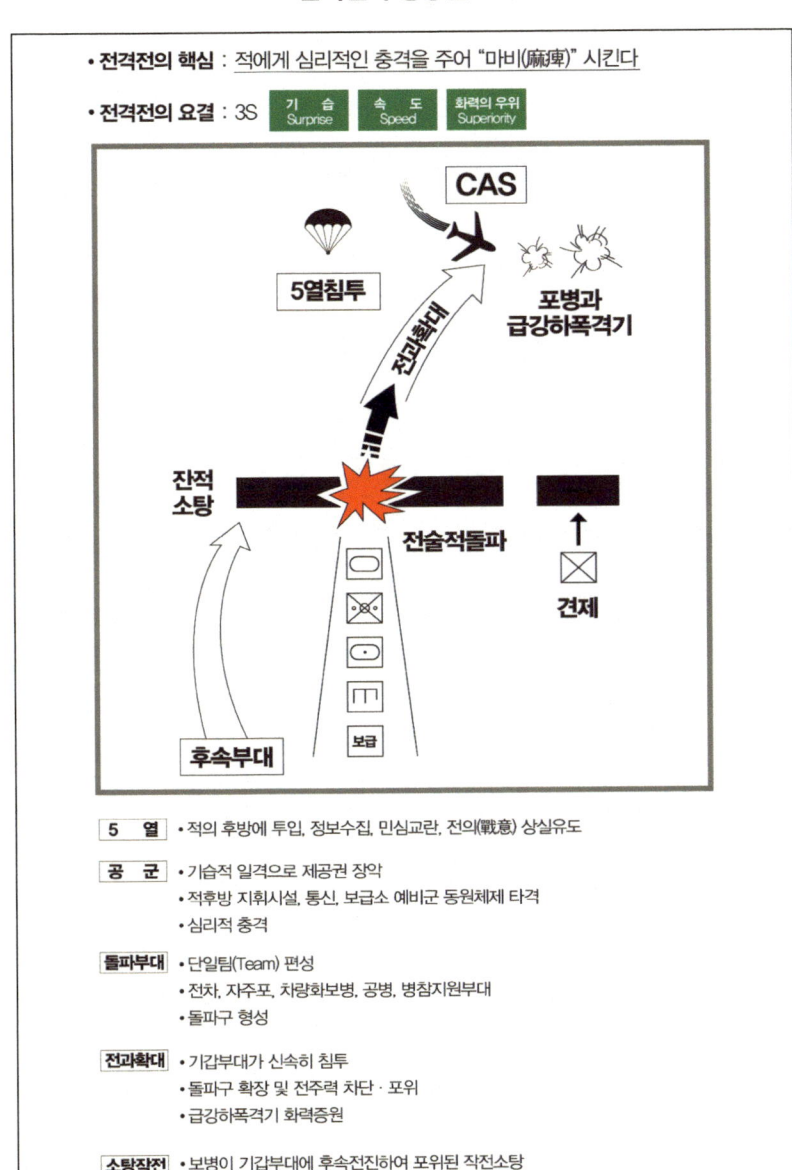

---

17 노병천, 「도해세계전사」(연경문화사, 1996). p. 262.

결정적 역할을 하는 교리를 말하며, 반드시 기계화 부대를 통해서 만 이를 실현할 수 있는 교리가 아니다. 전쟁 양상의 변화에 따라 기동전을 실행에 옮기기 위한 그 수단들도 변화가 있었고, 2차 세계대전 이후로는 기계화 부대가 사용되어져 왔을 뿐, 기동전은 기계화 부대가 없었던 고대에서부터 지금까지 모든 전쟁에서 사용되어져 온, 전쟁의 승패를 결정한 교리였다.

전쟁에서 기동전의 기동방식과 그 기동수단은 상호 대치되는 부대의 정면(正面)과 종심(縱深)의 증가, 그리고 전쟁의 입체화에 따라 고대로부터 많은 변화를 거쳐왔다. 고대 전투는 현대의 전장 규모에 비하면 '점(點)'들 간의 전쟁이었다. 고대·중세에는 대형을 이루어 그 대형들이 서로 맞부딪치며 전투를 하였다. 그리스·로마 군사들이 긴 창과 방패를 든 병사들이 대형을 갖추어 전쟁을 하는 모습을 머릿속으로 그려보면 된다. '점(點)'들 간의 전쟁에서는 전장(戰場)은 지휘관의 시야 내에 있었다. 이런 전쟁 양상에서는 주로 적 대형의 측후방으로의 기동, 포위의 기동방식을 통해 적을 심리적으로 마비시키고, 적의 대형을 붕괴시켜 적군의 결집력을 와해시켜 승리를 거두었다.

이후 근대에 이르러서는 군의 규모가 '선(線)'의 규모에 이르게 되었고, 전장상황은 지휘관의 시야 밖으로 훨씬 확대되었다. 전선이 길게 형성되면서 적의 측후방으로 기동하는 방식이 불가능하게 되었다. 따라서 '선(線)' 규모의 전쟁 양상에서는, 아군의 일부 부대를 적의 측익 방향으로 집중 기동시키면(측익탐색), 적은 아군의 병력 집중에 대비해 일부 병력을 그 측익으로 전환 배치시킬 것이고, 병력의 전환배치로 원래 배치되어 있었던 부분은 약해지므로, 아군은 이 부분에 병력을 집중하여 적의 전단을 돌파하고(약화된 정면 돌파), 이후 적의 측후방으로 신속히 기동(돌진)하여 적을 포위 공격하는 방식을 취했다. 아군이 적군의 정면을 돌파하여 후방으로 깊숙이 돌입하게 되면, 아군의 이런 기동만으로 적의 전투의지는 위축되고 심리적으로 마비되게 되며, 좌우가 서로 돕지를 못해 부대의 결집력도 약화되는 것이다.

현대에 이르러서는 전장은 '선(線)'에서 다시 '면(面)'으로 확대되었다. 병력이 종심으로 배치되면서 전단뿐만 아니라 전 지역에서 전투가 이뤄져, 전 지역이 전장화되었다. 이런 전장 양상에서는 적의 측익을 약화시키는 측익탐색 등은 불가능하게 되었다. 따라서 '면(面)' 규모의 전쟁 양상에서는 측익탐색 없이 적의 특정한 부분으로 전투력을 집중·돌입함으로써 간격을 만들고, 기계화 부대로 하여금 돌입으로 형성된 간격으로 기동하여 적의 전단을 돌파하도록 한 후, 적 종심 깊숙이 돌진하여 적의 두뇌와 같은 역할을 하는 부분을 공격함으로써, 적의 전투의지를 말살하고 조직력을 와해하는 방식으로 기동전이 수행되고 있다.

전장의 규모 양상에 상관없이, 또 부대가 보병인지, 기병인지, 기계화 부대인지에 상관없이, 고대에서부터 현대에 이르기까지 기

<점, 선, 면의 전쟁 양상>

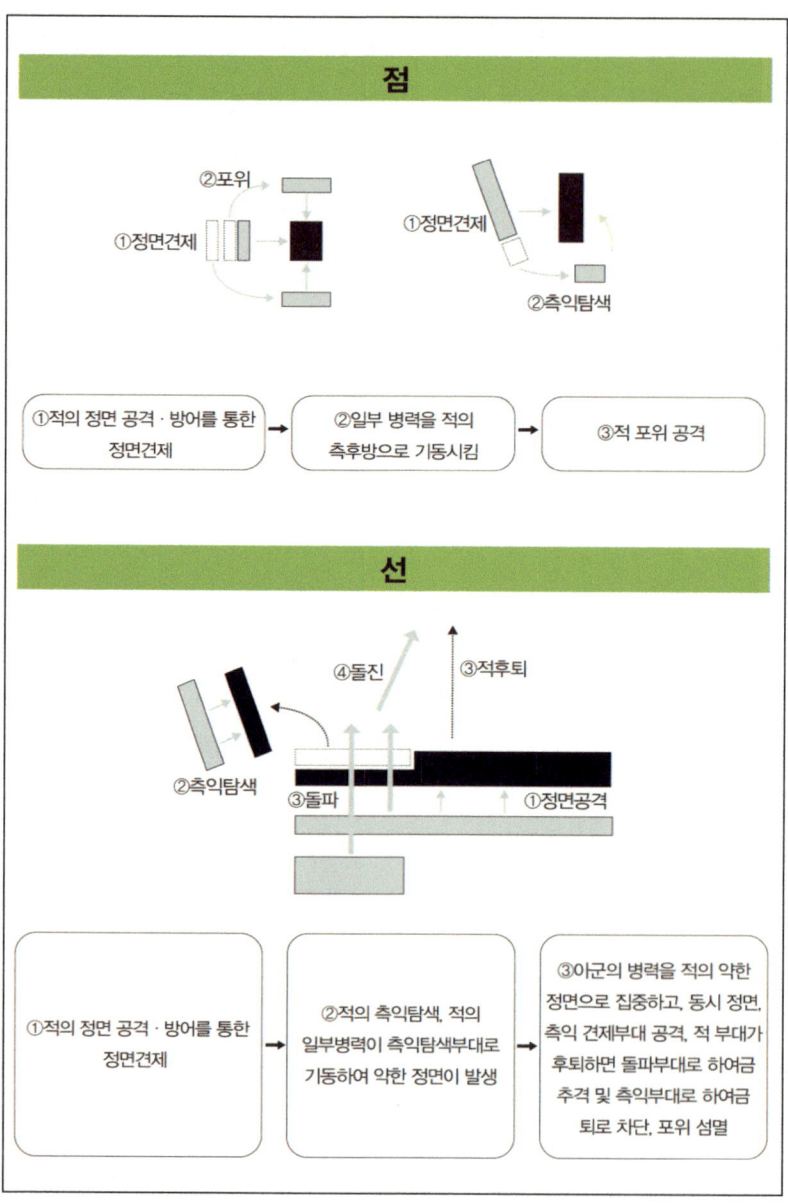

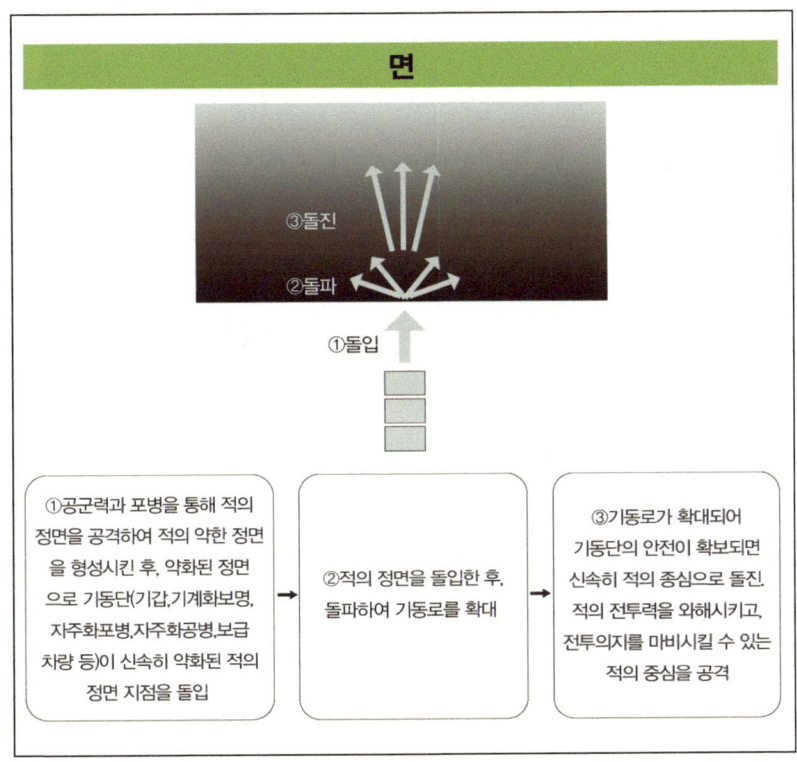

동전의 교리는 계속 적용되어 왔다. 기계화 부대만이 기동전을 수행할 수 있다는 선입견은 버려야 한다. 기동전은 기동을 통해 심리적으로 마비시킴으로써 적의 전투의지를 말살하고, 적의 조직력을 와해시키는 전법으로, 손자가 《손자병법》에서 강조한 원칙 중 하나인 '선승구전(先勝求戰)', 즉 먼저 승리를 구해놓고 전쟁에 임하는 그 실천적인 방법이 되는 것이다. 기동으로 이미 승리의 여건을 만들어 놓은 상태에서 적과 교전을 하게 되는 것이다. 이후에는 손자가 속전속결의 방법으로서 기동전을 수행하기 위해 어떠한 구체적인 전쟁원칙, 전투기술을 강조하였는지 살펴보도록 하겠다.

속전속결의 방법론 ① : "攻其無備, 出其不意"(기동과 기습)

'적이 대비할 수 없게 공격하고, 적이 예상할 수 없게 기동하라.' 손자가 말한 속전속결을 위한 첫 번째 방법이다. 속전속결의 첫 번째 방법론인 '攻其不備 出其不意'에 대해서는 《손자병법》 시계(始計)편뿐만 아니라 허실(虛實)편, 구지(九地)편에서도 동일한 취지의 기술을 하고 있다. '出其不意'는 기동의 중요성을 설명한 것이고, '攻其無備'는 기습의 원칙을 설명한 것이다. 적이 대비할 수 없게 공격하고, 예상할 수 없게 기동하는 경우에, 적에게는 심리적 마비가 온다. 심리적 마비가 오면 적의 조직력이 와해된다. 이런 취지에서 《손자병법》에서 '出其不意'라는 문구는 손자가 기동전을 설명한 것이라고 이해되고 있다.

《손자병법》 제1편 시계(始計)편

攻其無備, 出其不意.
공기무비 출기불의

(적이) 대비할 수 없게 공격하고, (적이) 뜻하지 못하게 나아가라.[1]

1) 모든 손자병법 해석서들은 "적의 대비가 없는 곳을 공격하고, 적이 예상할 수 없는 곳으로 기동하라"라고 단순하게 해석하여 기습과 기동의 대상을 장소로 한정해서 해석하고 있다. 그러나 이는 매우 잘못된 해석이라고 보아야 한다. 원문에도 장소를 뜻하는 단어는 존재하지 않는다.

《손자병법》 제6편 허실(虛實)편

出其所不趨, 趨其所不意. 行千里而不勞者
출기소불추 추기소불의 행천리이불노자

行於無人之地也. 攻而必取者 攻其所不守也, 守而必固者
행 어 무 인 지 지 야   공 이 필 취 자   공 기 소 불 수 야   수 이 필 고 자
守其所不攻也.
수 기 소 불 공 야

적이 달려가지 않는 곳(방비가 되지 않는 곳)으로 나아가고, 적이 뜻하지 않는 곳(예상할 수 없는 곳)으로 달려간다. 천리를 가도 피로하지 않는 것은 사람이 없는 곳(적의 저항이 없는 곳)을 가기 때문이다. 공격하여 반드시 빼앗는 자는 그 지키지 않는 곳을 공격하기 때문이고, 지켜서 반드시 굳건히 함은 적이 공격할 수 없는 곳을 지키기 때문이다.

故善攻者 敵不知其所守, 善守者 敵不知其所攻. 微乎微乎
고 선 공 자   적 부 지 기 소 수   선 수 자   적 부 지 기 소 공   미 호 미 호
至於無形, 神乎神乎 至於無聲. 故能爲敵之司命.
지 어 무 형   신 호 신 호   지 어 무 성   고 능 위 적 지 사 명

고로 공격을 잘하는 자는 적이 그 지킬 곳을 모르게 하고, 방어를 잘하는 자는 적이 그 공격할 곳을 모르게 한다. 은밀하고 은밀하여 형태가 없음에 이르고, 신기하고 신기하여 소리가 없음에 이른다. 고로 능히 적의 생사를 맡아 다스릴 수 있는 것이다.

進而不可禦者 衝其虛也, 退而不可追者 速而不可及也.
진 이 불 가 어 자   충 기 허 야   퇴 이 불 가 추 자   속 이 불 가 급 야

(아군이) 나아가되 방어할 수 없는 것은 그 허를 찌르기 때문이고, (아군이) 후퇴하는데도 (적이) 따를 수 없는 것은 (아군이) 빨라서 (적이) 미치지(뒤쫓지) 못하기 때문이다.

《손자병법》 제11편 구지(九地)편

敢問 敵衆整而將來, 待之若何. 曰 先奪其所愛則聽矣.
감 문   적 중 정 이 장 래   대 지 약 하   왈   선 탈 기 소 애 즉 청 의
兵之情主速, 乘人之不及, 由不虞之道, 攻其所不戒也.
병 지 정 주 속   승 인 지 불 급   유 불 우 지 도   공 기 소 불 계 야

감히 묻되, 적의 대형이 정연한 대형으로 장차 공격해온다면, 어떻게 기다리겠

는가? 말하되, 먼저 그 사랑하는 바(소중히 아끼는 바)를 빼앗으면 곧 (아군의 말을) 들을 것이다. 병력의 기동은 신속함이 제일이니, 적이 미치지 못하는 바에 편승하여(적이 미치지 못하는 바를 이용하여), 생각지도 않는 길을 경유하여, 경계하지 않는 곳을 공격해야 한다.

'出其不意'는 두 가지로 해석이 가능하다. 첫째는 적이 전혀 예상할 수 없는 곳으로 기동하라는 것이다. 병력이 기동하기에 불가능하다고 인식되는 지역으로 기동하는 것이다. 2차 세계대전 당시 프랑스 전역(戰域)에서 독일의 주력인 A집단군이 프랑스의 마지노선을 우회하여 전차 기동이 불가능하다고 여겨졌던 아르덴느 삼림지대로 기동하여 프랑스를 6주 만에 함락시킨 것은 대표적 예라 할 것이다. 또 몽골군이 금나라를 정벌할 때 군을 나누어 북쪽이 아닌 남송 방향으로 우회시켜 남쪽에서 금나라를 공격하게 한 것도 좋은 예라 할 것이다. 금나라는 남송이 있는 남쪽에서 몽골군이 공격해오리라는 것은 상상조차 할 수 없었다.

둘째, '出其不意'의 또 다른 의미는 '적이 대응할 수 없는 빠른 속도'로 나아가라는 것이다. 속도라고 하면 우리는 흔히 '시간당 얼마만큼 갈 수 있는가' 하는 '물리적 속도'만을 생각한다. 당연히 물리적 속도는 전쟁에서 중요한 요소이기는 하나, 여기서는 말하는 것은 물리적 속도가 아니다. 내가 아무리 시속 80km 속도로 기동한다고 해도, 적의 대응속도보다 빠르지 않다면 빠른 것이 아니기 때문이다. 전쟁이라는 것은 상호 쌍방의 대결이기 때문에 항상 속도의 기준은 상대방에 맞춰져야 하고, 따라서 '적이 대응할 수 없는 빠른 속도'라는 상대적 개념이 될 수밖에 없는 것이다. '出其不意'에서 말하는 '속도'란 적이 대응할 수 없는 빠른 속도를 말하는 것이고, 이러한 상대적 속도는 군사적으로 '템포(Tempo)'라고 말한다. 이는 현대의 기동전에서 사용되는 매우 중요한 개념이다.

기동전에서 사용되는 '템포(Tempo)'는 속도와는 다른 개념이다. 미군에서는 템포(Tempo)를 "군사작전의 속도율"로 정의 내리고 있고, 박기련 (예)대령은 "전쟁에서 수행되는 일련의 군사활동 속도"로 정의 내린 바 있다. 즉 '出其不意'에서 말하는 적이 대응할 수 없는 속도란 정확하게는 적보다 빠른 템포(Tempo)를 말한다고 보아야 한다. 그렇다면 어떻게 적보다 빠른 템포(Tempo)를 유지할 수 있을까? 적보다 빠른 템포(Tempo)를 유지하는 데는 두 가지 방법이 있다. 첫째는 적보다 빠른 'OODA 주기'[18] 를 반복 적용하는 것이다. 군사작전에서의 템포(Tempo)는 크게 4단계의 과정으로 반복

18　William S. Lind 'Maneuver Warfare Handbook(Boulder and London : Westview Press Inc., 1985)' 보이드 대령은 한국전쟁 시 공중전을 연구하면서 당시 미 공군의 F-86이 공산군의 주력 전투기인 MIC-15보다 전통적인 항공기 제원인 항속거리, 상승고도 등에서 뒤쳐짐에도 불구하고 미 공군이 10 : 1의 비율로 북한군 및 중공군의 비행기를 격추시켰다는 사실에 의문을 갖게 되었다. 연구결과 미 공군의 F-86은 전통적인 제원상에서는 MIG-15보다 우세한 점이 없었으나, 쉽게 주목받지 못한 두 가지 점에서 우수하였던 것으로 나타났다. 하나는 조종석에서 사방을 관측할 수 있었다는 것이고, 다른 하나는 뛰어난 유압장치에 의해 신속한 방향전환, 즉 하나의 동작에서 다음 동작으로의 신속한 전환이 가능했다는 것이다. 이와는 반대로 MIG-15는 조종석에서 사방을 관측할 수 없었고, 신속한 방향전환이 불가능했던 것이다. 이런 두 가지 장점으로 말미암아 미군 조종사들은 상황의 변화를 신속히 감지하고, 이에 따라 신속히 행동함으로써, 쉽게 임무를 수행할 수 있었던 것이다. 이런 공중전에서 그가 발견했던 사항이 지상전에서도 있었는지 여부를 알기 위해 지상전투에 대한 연구를 한 결과, 거의 모든 전투나 전역, 전쟁에서도 똑같은 현상이 발생하였다는 것을 발견하였으며, 이런 연구의 결과 속에서 'OODA 주기'가 만들어졌다.

되며 결정된다. 즉 상호경쟁적 관측(Competitive Observation)-분석·판단(Orientation)-결심(Decision)-행동(Action)의 연쇄적 주기가 반복되면서 템포(Tempo)의 빠르기가 결정된다. 이를 'OODA 주기'라고 한다. 적보다 빨리 관측하고, 적보다 빨리 판단하며, 적보다 빨리 결심하고, 적보다 빨리 행동하면 적보다 월등한 템포(Tempo)를 유지해갈 수 있는 것이다. 적보다 빠른 템포(Tempo)가 반복 누적되다 보면 결국 적은 아군에게 전혀 대응할 수도 없으며, 전투의지를 상실하게 되는 것이며, 적의 상하좌우가 서로 돕지 못해 조직력이 와해되는 것이다. 두 번째 방법은 적의 템포(Tempo)를 느리게 만드는 것이다. 이것이 바로 '기만'이다. 뒤에서 상세히 언급하겠지만, 손자는 《손자병법》 제1편 시계(始計)편에서 '兵者 詭道也', 즉 '전쟁은 속이는 것이다'라고 하여 기만작전의 중요성에 대해 우선적으로 강조하였다.

'攻其不備'는 '出其不意'와 마찬가지로 역시 두 가지로 해석이 가능하다. 첫째는 방비가 전혀 되어 있지 않은 곳을 공격하라는 것이고, 둘째는 적의 대응속도보다 빠른 공격으로 제대로 된 방어를 하지 못하도록 하라는 것이다. 이는 앞서 기동에서 설명했듯, 적보다 빠른 템포(Tempo)를 유지하여 적이 대응할 수 없는 상태에서 공격하라는 뜻이다.

속전속결의 방법론 ② : "迂直之計"(간접접근전략)

'迂直之計'란 강한 적과 교전하지 말고 우회하라는 것이다. 즉 강한 적과 직접적인 교전으로 소모전을 치루지 말라는 것이다. 적과 직접적인 교전을 통해 승리하는 것보다 때로는 직접적인 교전을 회피하고 우회함으로써 더 큰 이익을 얻을 수 있거나, 오히려 더 빠른 승리를 얻을 수 있다는 것이다.《손자병법》군쟁(軍爭)편과 구지(九地)편에서 '迂直之計'에 대해 기술을 하고 있다. 여기서 '迂'의 의미는 크게 두 가지로 생각해볼 수 있다. 첫째는 특정 지역 또는 배치된 적의 부대를 우회해서 기동한다는 의미가 있다. 둘째, 적과의 직접적인 교전을 회피하여 소모적인 교전 이외 다른 방법을 통해 승리를 얻거나 승리에 유리한 환경을 조성할 수 있다는 것을 의미한다. 이런 측면에서 '迂直之計'는 리델하트[19]의 간접접근전략과 일맥상통한다.

《손자병법》제7편 군쟁(軍爭)편

軍爭之難者, 以迂爲直 以患爲利. 故迂其途 而誘之以利,
군쟁지난자　이우위직　이환위리　　고우기도　이유지이리
後人發 先人至, 此知迂直之計者也.
후인발　선인지　차지우직지계자야

19　Liddel Hart. 1895-1970. 영국의 군사이론가. 육군대위로 제대하여 런던타임즈의 군사통신원과 육군장관의 개인고문을 지낸 리델하트는 그의 저서 「전략론」에서 고대 페르시아 전쟁에서부터 1948년 제1차 중동전까지 30개 전쟁의 280개 전투를 분석하면서 그 중 6개 전역을 제외한 전 전역에서 모두 간접접근전략에 의해 승리하였다고 주장한 바 있다.

전투가 어려운 것은, 우회함으로써 직진하고 근심(불리한 것)으로써 이로움이 되기 때문이다[1]. 고로 그 길을 우회하고 적에게 이익으로써 유인하면, 적보다 늦게 출발해도 적보다 먼저 도착하니, 이것이 우직지계[2]를 아는 것이다.

1) 우회하지만 종국에는 직진한 결과를 만들고, 불리해 보였지만 종국에는 유리한 결과를 만들어내기 때문이다.
2) 우회 기동, 돌아감으로써 빨리 가는 것

略鄕分衆, 廓地分利, 懸權而動. 先知迂直之計者勝.
　략향분중　　곽지분리　　현권이동　　선지우직지계자승
此軍爭之法也.
　차군쟁지법야

향(고을)을 약탈하여 중(군대)에게 나누고[3], 영토를 넓혀 이익을 나누며[4], 저울(權)을 달아(유불리를 따져) 움직인다[5]. 우선적으로 우직지계를 아는 사람이 승리한다. 이것이 전투하는 방법이다.

3) ① 적의 고을을 지향해서 공격하기 위해서는 부대를 나누어 공격하라. ② 약탈한 물건을 부대에 나누어줘라. ③ 적의 고을을 약탈 시에는 병력을 나누어 수색하라고 달리 해석된다.
4) 적국의 땅을 탈취·확장하여 그 이익을 분배한다.
5) 權을 '저울추 권'으로 해석해서, '우열을 저울질하여 신중하게 기동한다' 또는 權을 '권세'로 해석해서, '(점령지 사람들에게) 위세를 보여주고 이동한다'

無邀正正之旗, 勿擊堂堂之陳. 此治變者也.
　무요정정지기　　물격당당지진　　차치변자야

정연하고 정연한 (적의) 깃발을 맞이하지 말고[6], 당당하고 당당한 (적의) 진을 치지 말라[7]. 이것이 변(상황의 변화)을 다스린다고 하는 것이다.

6) 정연한 대형으로 공격해오는 적을 맞서 싸우지 말고,
7) 당당한 대형으로 방어하는 적을 공격하지 말라.

《손자병법》 제11편 구지(九地)편

敢問 敵衆整而將來, 待之若何. 曰 先奪其所愛則聽矣.
감문　적중정이장래　　대지약하　　왈　선탈기소애즉청의

兵之情主速, 乘人之不及, 由不虞之道, 攻其所不戒也.
병지정주속　승인지불급　유불우지도　공기소불계야

감히 묻되, 적의 대형이 정연한 대형으로 장차 공격해온다면, 어떻게 기다리겠는가? 말하되, 먼저 그 사랑하는 바(소중히 아끼는 것)를 빼앗으면 곧 (아군의 말을) 들을 것이다. 병력의 기동은 신속함이 제일이니, 적이 미치지 못하는 바에 편승하여(적이 미치지 못하는 바를 이용하여), 생각지도 않는 길을 경유하여, 경계하지 않는 곳을 공격해야 한다.

여기서 '간접접근전략'이란 용어는 리델하트가 직접 접근(Direct Approach)의 반대개념으로서 최초로 정립한 개념이다. 리델하트는 직접적인 기동은 적의 물리적·심리적 균형을 강화하고 저항력을 강화하므로 지양되어야 하고, 적의 퇴로 차단·보급로의 위협 등 간접적인 접근방법을 지향하여야 한다고 주장하였다. 이러한 리데하트의 '간접접근전략'에 대해 프랑스의 앙드레보프르[20] 장군은 그 개념을 확대하여 군사력 사용을 '직접전략'으로, 군사력 이외의 외교·경제·사회·심리 등 다양한 수단을 사용하는 것을 '간접 전략'으로 명명하여 그 개념의 범위를 확대하였다. 리델하트는 제1차 세계대전의 무익한 소모전에 대해 환멸을 느끼고, 최소의 전투로 승리할 수 있는 군사전략을 구상하였다. '간접접근전략'의 목적은 적의 저항 가능성을 감소시키는 것이며, 이를 위해 가급적 전투를 하지 않는 유리한 전략적 상황을 추구한다. '간접접근전략'의 궁극적인 목적은 최소한의 희생으로 최소한의 전투로 승리를 거두는 것이다. 사전에 적의 부대와 관심을 각종 견제·기만 등을 통해 유

20　André Beaufre. 1902-1975. 프랑스의 장군 및 군사전략가이다.

인 고착시킨 후, 적의 저항이 가장 적고 전혀 예상하지 못하는 장소, 주로 적의 배후를 지향하여 기동하고(出其不意), 기동을 통해 적의 보급로 및 퇴로를 위협하는 등의 물리적 교란과 적 지휘관에게 자신이 함정에 빠졌다고 하는 공포심을 불러일으켜, 심리적 교란을 달성하여 승리를 거둔다는 전략이다. 적의 병력이 아닌 적의 심리를 지향한다.

손자는 정연한 대형으로 공격해오는 적은 회피하고, 방어가 잘 되어 있는 적은 공격하지 말라고 하였다. 이들과 교전을 하게 되면 입는 피해가 너무 크다는 것을 알기 때문이다. 직접적인 교전을 회피하고, 다른 방법을 사용하라고 하였는데, 그 구체적인 방법으로 구지(九地)편에서는 '적의 그 사랑하는 바를 빼앗으면 적이 아군이 뜻하는 바대로 움직일 것이다'라고 하였다. '적의 사랑하는 바'란 적이 아끼는 것으로서 적의 보급로, 군수품, 퇴로 등의 적 생존과 직접 관련이 있는 것을 의미한다고 해석하는데, 이를 아군이 장악하거나 공격하게 되면 심리적으로 마비, 또는 전투의지의 상실을 가져오게 되는 것을 말한다. 이를 빼앗기 위해서는 신속하게, 적이 예상하지 못한 방향으로 기동하여, 적이 경계하지 않는 곳을 공격해야 한다고 하였다. 이를 공격하기 위해서는 '出其不意 攻其不備' 하라는 것이다. 현대 군사전략의 큰 축인 리델하트의 '간접접근전략'을 그대로 기술해 놓은 것이 아닌가 하는 착각이 들 정도이다. 중국 춘추전국시대 손자가 《손자병법》에서 '간접접근전략'을 강조하였다는 것은 《손자병법》의 위대함을 보여주는 것이며, 지금까지 수많은 학자들과 군사전문가들이《손자병법》을 탐독하는 이유일 것이다.

속전속결의 방법론 ③ : "奪其所愛"(중심, Schwerpunkt)

손자병법의 구지(九地)편에서 "奪其所愛(적의 사랑하는 바를 빼앗는다)"라는 표현이 나온다. 앞에서 '迂直之計'를 논하며 '적의 사랑하는 바'에 대해서는 일부분 기술한 바 있다. 즉 '적의 사랑하는 바'란 그것을 빼앗거나 공격을 하였을 때 그것이 적의 생존에 직결되는 문제여서 적의 심리적 마비, 조직력의 와해, 전투의지의 상실을 가져오는 요소라고 말했다. 중국 춘추전국시대에서는 주로 군수품, 병참로·퇴로 차단을 위한 적후방의 주요 길목 등이 되었다. '적의 사랑하는 바'란 '迂直之計'와 '出其不意'의 지향점이 되는 것이다. 아래의《손자병법》원문 중 두 번째 문구는 적에 대한 선전포고에서부터 전쟁을 하게 되는 과정을 시간 순서대로 기술한 것이다. 먼저 선전포고를 하고 동원령을 내리면, 아국으로 들어오는 관문을 막고 통행증을 폐지하며, 적의 외교사절이 들어오지 못하도록 하고, 군대를 사열하면서 적의 잘못을 엄중히 꾸짖어 적개심을 불러일으킨 후, 적이 동요할 때 신속히 적진으로 들어가 먼저 적의 소중한 것을 빼앗고, 공격 시기를 숨기고 은밀히 기동하여 적을 공격한다는 것이다. 군대의 기동에 있어 가장 먼저 해야 할 것으로 '적의 사랑하는 바'를 빼앗는 것을 들었다.

《손자병법》 제11편 구지(九地)편

敢問 敵衆整而將來, 待之若何. 曰 先奪其所愛則聽矣.
감문 적중정이장래 대지약하 왈 선탈기소애즉청의
兵之情主速, 乘人之不及, 由不虞之道, 攻其所不戒也.
병지정주속 승인지불급 유불우지도 공기소불계야

감히 묻되, 적의 대형이 정연한 대형으로 장차 공격해온다면, 어떻게 기다리겠는가? 말하되, 먼저 그 사랑하는 바(소중히 아끼는 것)를 빼앗으면 곧 (아군의 말을) 들을 것이다. 병력의 기동은 신속함이 제일이니, 적이 미치지 못하는 바에 편승하여(적이 미치지 못하는 바를 이용하여), 생각지도 않는 길을 경유하여, 경계하지 않는 곳을 공격해야 한다.

是故政擧之日, 夷關折符, 無通其使. 勵於廟堂之上,
시고정거지일 이관절부 무통기사 려어묘당지상
以誅其事. 敵人開闔 必亟入之 先其所愛 微與之期
이주기사 적인개합 필극입지 선기소애 미여지기
踐墨隨敵 以決戰事.
천묵수적 이결전사

이런 까닭에 정거일(동원령을 내리는 날, 군사를 일으키는 날)에, 관문을 막고 부(통행증)를 폐지하며, 사신을 통행하지 못하도록 하고, 조당 위에서 (장병들을) 격려하고, 그 일(적의 잘못한 점)을 엄중히 질책한다. 적이 관문을 열고 닫을 때 (혹은 적이 약점이나 동요가 보일 때, 적이 전쟁 여부를 망설일 때), 반드시 신속히 그곳에 들어가서 먼저 사랑하는 바를 빼앗고[1], 더불어 전투할 시기를 은밀히 숨겨 놓았다가, 적을 따라 은밀히 기동하다가, 그로써 결전을 하게 된다.

1) 先其所愛는 앞 문장의 '先奪其所愛'에서 '奪'이 빠져 있는 것으로 의미는 같다.

손자가 말한 '적의 사랑하는 바'란 현대의 군사적 용어로 해석하면 '중심(重心)'으로 볼 수 있다. '중심(重心)'이라는 개념을 최초로 사용한 군사전략가는 클라우제비츠이다. 클라우제비츠는 'Schwerpunkt'란 용어를 사용하였다. 'Schwerpunkt'는 독일어로서 사전적 의미는 물리 무게의 중심, 중점을 말한다. 무거운 지점,

집중되는 지점인 핵심, 요점이라는 의미이다. 클라우제비츠가 사용한 'Schwerpunkt'의 최초 개념은 전투력의 집중 그 자체를 의미했다. 이러한 클라우제비츠의 'Schwerpunkt'의 개념은 각종 군사이론가들의 확장적 해석을 거쳐, 기동전을 수행하는 현대에 이르러는 '전투력을 집중하여야 할 결정적 지점(Point of Main Effort)'으로 이해되고 있다. 즉 전투력을 집중하여야 할 지향점으로서 현대의 기동전에서는 적의 심리를 마비시키고, 전투의지를 상실케 하며, 적의 조직력을 와해시킬 수 있는 지점을 말한다.

기동전이 예전의 전투 수행방법과 다른 점은 처음부터 적의 하드웨어를 공격하는 것이 아니라, 소프트웨어를 먼저 공격한 후에 하드웨어를 공격한다는 것이다. 여기서 하드웨어라고 함은 적의 전투부대 그 자체를 말한다. 소프트웨어라 함은 하드웨어를 운영하는 체제, 즉 조직력과 전투의지로 말할 수 있다. 소프트웨어가 없는 하드웨어는 아무런 쓸모가 없듯이, 조직력과 전투의지가 없는 적은 전투력을 발휘할 수 없게 되는 것이다. 여기서 소프트웨어, 즉 조직력과 전투의지 등은 바로 피아 간 중심(重心)이 되는 것이다. 그런데 한 가지 생각해야 하는 것은 조직력과 전투의지는 보이는 실체가 아닌 무형적 요소라는 것이다. 그러나 무형적 요소라도 컴퓨터에서도 소프트웨어가 저장되어 있는 하드웨어 상의 주기억장치나 보조기억장치가 있고, 또 저장장치에 저장되어 있는 소프트웨어 정보를 처리하는 CPU가 있듯이, 이것들을 파괴함으로써 소프트웨어를 쓰지 못하도록 만들 수 있는 것이다. 소프트웨어를 '1차 중심(重心)'이라고 한다면, 기억장치·CPU를 '2차 중심(重心)'으로 설명할 수 있다. 전쟁에서도 적의 조직력과 전투의지를 '1차 중심(重心)'으로, 그 조직력과 전투의지를 무력화시킬 수 있는 유형적 대상을 '2차 중심(重心)'으로 정의할 수 있다.

컴퓨터를 가동시키는 것이 소프트웨어라는 사실은 변하지 않는 대신, 소프트웨어를 저장하고 처리하는 장치들은 계속하여 변화하고 발전되었다. 플로피디스크나 CD가 사라진 것처럼 말이다. 현대의 기동전에서 조직력과 전투의지라는 '1차 중심(重心)'은 변하지 않는다. 다만 '2차 중심(重心)'은 시대와 국가별로 다르게 나타날 수 있다. 위에서 점(點), 선(線), 면(面)의 전쟁형태에서 설명하였듯, 점(點)의 전쟁형태에서는 주로 밀집대형으로 쌍방 교전을 벌였다. 이러한 밀집대형은 구성원 간의 심리적 결속이 매우 중요한데, 심리적 결속이 깨지고 구성원 개개인의 불안감이 증가하면 조직력은 와해되고 대형도 붕괴되는 것이다. 따라서 고대 전쟁에서는 적의 밀집대형 구성원들의 불안감을 유발시켜 심리적 결속을 와해하는 방법으로서, 인간이 가장 불안감을 느끼는 측후방 기동, 포위섬멸의 방법을 사용하였다. 중국 춘추전국시대에는 적의 수송로, 병참로, 퇴로 차단 등을 통해 적 지휘관으로 하여금 포위되었다는 불안감에 빠지게 하여 심리적으로 마비되게 만들거나, 더 이상 보급을 받을 수 없게 만들어 적의 전투의지를 무력화시켰다. 현대전에서는 '2차 중심(重心)'의 대표적 대상으로 C4I 체계[21]를 들 수 있

---

21 지휘(Command), 통제(Control), 통신(Communication), 컴퓨터(Computer), 정보

다. 그러나 한 가지 유의하고 반드시 명심해야 할 것은 현대전에서 '2차 중심(重心)'은 매우 다양하게 나타난다는 점이다. 북한과 같이 국가권력이 특정인물에 극단적으로 집중되어 있는 독재국가, 왕조국가의 경우에는 그 특정인물이 될 수도 있다. 중국의 샨샤(三峽)댐처럼 특정 구조물이 될 수도 있다. 또한 2차 세계대전 당시 독일의 프랑스 점령에서 알 수 있듯 파리라는 도시가 될 수도 있다. 그래서 손자가 '사랑하는 바'라고 개념적으로 기술한 것이다.

속전속결의 방법론 ④ :
"기만, 집중과 상대적 우위, 주도권"

[기만, 기정배합(奇正配合)]

손자의 핵심사상 중 하나는 '기정(奇正) 배합'이다. 손자는 기(奇)를 매우 중요하게 생각했다. 시계(始計)편, 병세(兵勢), 군쟁(軍爭), 구지(九地)편, 4편에 걸쳐 계속 강조하였을 정도다. 기(奇)는 기만책을 말한다. 기만책은 다양한 방법으로 발현된다. 그 방법은 손자가 말한 것처럼 이루 헤아릴 수 없다. 따라서 손자가 《손자병법》에서 기만의 방법론으로 제시한 것은 예시에 불과할 뿐이다. 손자가 강조한 기만책에서 우리가 이해해야 할 것은 기만책의 방법들이 아니라, '기정(奇正) 배합'이다. 즉 기만책은 정공책과 반드시 같이 사

(Intelligence) 체계로 합동지휘통제 체계를 말한다.

용해야 함을, 정공법만 가지고는 전쟁에서 승리를 얻을 수 없다는 점을 깨달아야 한다는 것이다. 이 점에 대해 많은 군 지휘관들은 간과하고 있고, 또 실제로 우리가 작전계획을 세울 때 기만책에 대해서는 필수적으로 반영하고 있지도 않다.

손자는 병세(兵勢)편에서 "凡戰者 以正合 以奇勝"이라 하였다. 전쟁은 정공법으로 대치하고, 기만책으로 승리한다는 뜻이다. 기만책으로서 승리한다는 의미는 무엇인가? 기만은 크게 두 가지 기능을 한다. 첫째는 아군의 공격·방어할 곳, 아군이 기동할 곳을 모르게 한다. 따라서 적의 전투력이 분산되도록 하거나, 적을 아군의 함정으로 유인하게 된다. 둘째 적의 템포(Tempo)를 늦춘다. 그 반대급부로 상대적으로 아군의 템포(Tempo)는 빨라진다. 반복되는 템포(Tempo) 차이의 누적은 적을 심리적으로 마비시키고, 결집력을 와해시킨다. 즉 구지(九地)편에서 기술하고 있듯이, 기만을 효과적으로 사용하면, 적의 전후·좌우 부대가 서로 돕지 못하게 되고, 대부대와 소부대가 서로 믿지 못하게 되며, 장수와 부하들이 서로 협조하지 못하게 되고, 적의 병력이 분리되어 집중되지 못하며, 적의 병력이 합하여져도 지휘 통제가 제대로 되지 않게 된다. 이러한 것을 두고 먼저 승리해 놓고 싸운다 하는 것이기에(先勝求戰), 손자는 기만책으로서 승리한다고 기술한 것이다. 이렇기에 기만책은 작전계획 수립 시에 반드시 부대 기동과 함께 논의되어야 한다.

《손자병법》 제1편 시계(始計)편

兵者 詭道也.
병자 궤도야

故能而示之不能, 用而示之不用, 近而示之遠, 遠而示之近,
고능이시지불능 용이시지불용 근이시지원 원이시지근

利而誘之, 亂而取之, 實而備之, 强而避之, 怒而撓之,
이이유지 난이취지 실이비지 강이피지 노이요지

卑而驕之, 佚而勞之, 親而離之.
비이교지 일이노지 친이리지

전쟁을 수행(작전)하는 것은 기만하는 법이다.

고로 능력이 있으면서 능력이 없는 것처럼 보이게 하고, 사용하면서도 사용하지 않는 것처럼 보이게 하며, 가까우면서도 먼 것처럼 보이게 하고, 멀리 있으면서 가까운 것처럼 보이게 하며, 이롭게 해서(이익을 주는 것처럼 하여) 이를(적을) 유인해내고, 어지럽게 해서(적을 혼란케 하여) 그것을 취하며, (적이) 실하면 대비하고, (적이) 강하면 피하며, (적을) 노하게 하여 어지럽게 하고(판단을 그르치게 하고), 낮추어(저자세로 숙여)서 적을 교만하게 하며, (적이) 편안하면 과로하게 만들고, (적이) 서로 친하면 이간시켜야 한다.

《손자병법》 제5편 병세(兵勢)편

凡戰者 以正合 以奇勝. 故善出奇者 無窮如天地
범전자 이정합 이기승 고선출기자 무궁여천지

不竭如江下. 終而復始 日月是也, 死而復生 四時是也.
불갈여강하 종이복시 일월시야 사이복생 사시시야

무릇 전투는 정(정공법, 통상적인 공격과 방어)으로 합하고(대치하고), 기(기만전술)로써 승리하는 것이다. 고로 기만전술을 잘 내는(구사하는) 자는 천지와 같이 무궁하고 강하와 같이 마르지 않는다. 끝나고 다시 시작하기가 해와 달(해가 지면 달이 뜨고, 달이 지면 다시 해가 뜨는 것)과 같고, 죽고 다시 살아나는 것이 사계절과 같다.

聲不過五 五聲之變 不可勝聽也, 色不過五 五色之變
성불과오 오성지변 불가승청야 색불과오 오색지변

不可勝觀也, 味不過五 五味之變 不可勝甞也.
불가승관야 미불과오 오미지변 불가승상야

소리는 다섯에 불과하나 다섯 소리의 변화는 다 들을 수 없고, 색은 다섯에 불과하나 오색의 변화는 다 볼 수 없으며, 맛은 다섯에 불과하나 다섯의 맛의 변화는 다 맛볼 수 없다.

戰勢不過奇正, 奇正之變 不可勝窮也, 奇正相生
전세불과기정　기정지변　불가승궁야　기정상생
如循環之無端, 孰能窮之哉.
여순환지무단　숙능궁지재

전투의 형태는 기(기만전술)과 정(정공법, 통상적인 공격과 방어)에 불과하지만, 기와 정의 변화는 다 헤아릴 수 없다. 기와 정의 상생은 끊임없는 순환과 같으니, 누가 모두 헤아릴 수 있으리오.

紛紛紜紜亂鬪 而不可亂也, 渾渾沌沌形圓 而不可敗也.
분분운운난투　이불가난야　혼혼돈돈형원　이불가패야
亂生於治, 怯生於勇, 弱生於強. 治亂數也, 勇怯勢也,
난생어치　겁생어용　약생어강　치란수야　용겁세야
強弱形也.
강약형야

어지러운 난전처럼 보이지만 어지러운 것이 아니고, 혼전으로 원형이 되지만 패한 것이 아니다. (아군이) 어지러운 것(어지럽게 보이는 것)은 (실은) 다스림에서 나온 것이고, (아군이) 비겁함(비겁하게 보이는 것)은 (실은) 용감함에서 나온 것이며, (아군이) 약함(약하게 보이는 것)은 (실은) 강함에서 나온 것이다. 다스려지고 어지러운 것은 수(군의 조직)이고, 용감함과 비겁함은 세(전세)이다. 강함과 약함은 형(군의 배치)이다.

故善動敵者 形之 敵必從之. 予之 敵必取之, 以利動之,
고선동적자　형지　적필종지　여지　적필취지　이이동지
以卒待之.
이졸대지

고로 적을 잘 움직이게 하는 자(적을 잘 조정하는 자)는 이를(어지럽고, 비겁하고, 약함) 보여주면 적은 반드시 그것을 쫓을 것이다. 이것을 보여주면 적은 반드시 그것을 취하려 할 것이니, 이익으로써(이익을 미끼로 하여) 적을 움직이게 하고, 병사로 하여금 이를(적을) 기다린다.

《손자병법》 제7편 군쟁(軍爭)편

故兵以詐立, 以利動, 以分合爲變者也.
고 병 이 사 립   이 이 동   이 분 합 위 변 자 야

고로 전투는 (적을) 속임(기만함)으로써 성립하고, 이익으로써 움직이고(이로운 방향으로 행동하고), 분산하고 합침으로써 변화하는 것이다.

《손자병법》 제11편 구지(九地)편

是故始如處女, 敵人開戶 後如脫兎, 敵不及拒.
시 고 시 여 처 녀   적 인 개 호   후 여 탈 토   적 불 급 거

이런고로 전쟁이 시작되었을 때에는 처녀처럼 (조용히) 하고, 적이 관문을 열면 그 후에는 달아나는 토끼처럼 (신속히 행동) 하고, 적이 미처 막을 수(방어할 수) 없게 한다.

[집중(mass)과 상대적 우세(superiority)]

손자는 전쟁에서 단순히 병력의 수가 많은 것이 중요한 것이 아니라, 교전지역에서 아군의 병력(전투력)을 집중하고, 그럼으로써 상대적 우세를 달성해야 한다고 하였다. 적이 아무리 많아도 분산되어 있고, 아군이 병력(전투력)을 집중하면 항상 아군의 병력(전투력)이 적보다 많으므로 상대적 우세를 달성할 수 있다고 하면서, 이는 10개로써 1개를 치는 것과 같고, 이를 두고 숫돌로 계란을 치는 것과 같다고 하였다. 상대적 우세는 적의 병력을 분산시킴으로써 달성할 수 있는데, 적의 병력을 분산시키려면 아군이 어느 기동로를 통해 기동할 것인지, 아군이 어디를 공격할 것인지 모르게 해서 지킬 곳을 많게 해야 한다. 즉 '出其不意', '攻其無備' 해야 하는 것이다. 또 이것을 달성하기 위해서는 '기정배합(奇正配合)'이 필수적인

것이다.

《손자병법》 제5편 병세(兵勢)편

三軍之衆 可使必受敵而無敗者, 奇正是也. 兵之所加,
삼군지중 가사필수적이무패자 기정시야 병지소가
如以碬投卵者 虛實是也.
여이단투란자 허실시야

삼군의 군사가 적을 맞이하여 반드시 패하지 않게 만드는 것은, 기만과 정공법이다. 부대가 적에게 가(공격)하는 바는 <u>숫돌로 계란을 치는 것</u>[1]과 같은데, 이것이 허실이다.

1) 아군의 병력의 충실, 집중으로써 적의 허점을 치는 것

《손자병법》 제6편 허실(虛實)편

故形人而我無形, 則我專而敵分. 我專爲一
고 형인이아무형 즉아전이적분 아전위일
敵分爲十, 是以十攻其一也. 則我衆而敵寡, 能以衆擊寡,
적분위십 시이십공기일야 즉아중이적과 능이중격과
則吾之所與戰者 約矣.
즉오지소여전자 약의

고로 적을 드러나게 하고 나는 형태가 없으면, 곧 나는 전념(집중)하고 적은 분산된다. 나는 집중할 수 있어 하나가 되고 적은 나누어져 열 개가 되는데, 이는 열 개로써 그 하나를 공격하는 것이다. 즉 아군은 (집중되어) 많고 적은 (분산되어) 적어지면, (아군의) 많음으로(많은 병력으로) (적의) 적음(적은 병력)을 공격할 수 있는 것인데, 즉 아군과 (적과) 더불어 전투할 부분이 정해지는 것이다.

吾所與戰之地不可知, 不可知則敵所備者多,
오소여전지지불가지 불가지즉적소비자다
敵所備者多 則吾所與戰者寡矣. 故備前則後寡
적소비자다 즉오소여전자과의 고비전즉후과
備後則前寡, 備左則右寡 備右則左寡, 無所不備
비후즉전과 비좌즉우과 비우즉좌과 무소불비

則無所不寡. 寡者 備人者也. 衆者 使人備已者也.
즉 무 소 불 과   과 자 비 인 자 야   중 자 사 인 비 이 자 야

아군과 함께 전투할 곳을 알지 못하고, 알지 못하면 곧 적이 방어할 것이 많아지고, 적이 방어할 곳이 많아지면 곧 아군과 함께 전투할 곳은 (적의 병력은) 적어진다. 고로 전방을 대비하면 후방이 적어지고 후방을 대비하면 전방이 적어지고, 좌측을 대비하면 우측이 적어지고, 우측을 대비하면 좌측이 적어지며, 대비하지 않는 바 없다면 곧 (병력이) 적어지는 곳도 없다. (병력이) 적어진다는 것은 <u>적을 대비하기 때문이다</u>[1]. <u>병력이 집중된다는 것은 적으로 하여금 나를 대비하게 하는 것이다</u>[2].

1) 적을 대비하여 여러 곳에 병력을 배치하기 때문에 병력이 분산될 수밖에 없다.
2) 나를 대비하도록 하기 때문에 아군은 한 곳에 병력을 집중할 수 있다.

故知戰之地 知戰之日, 則可千里而會戰. 不知戰地
고 지 전 지 지   지 전 지 일   즉 가 천 리 이 회 전   부 지 전 지

不知戰日, 則左不能救右 右不能救左,
부 지 전 일   즉 좌 불 능 구 우   우 불 능 구 좌

前不能救後 後不能救前, 而況遠者數十里, 近者數里乎
전 불 능 구 후   후 불 능 구 전   이 황 원 자 수 십 리   근 자 수 리 호

以吾度之, 越人之兵雖多 亦奚益於勝敗哉 故曰 勝可爲也
이 오 도 지   월 인 지 병 수 다   역 해 익 어 승 패 재   고 왈   승 가 위 야

敵雖衆可使無鬪.
적 수 중 가 사 무 투

그러므로 싸울 곳을 알고 싸울 시기를 알면, 곧 천리를 나가 전쟁을 할 수 있다. (그러나) 싸울 곳을 모르고 싸울 시기를 모르면, 곧 좌측이 우측을 구원(원조)할 수 없고 우측이 좌측을 구원할 수 없으며, 전방이 후방을 구원할 수 없고 후방이 전방을 구원할 수 없으니, 먼 곳은 수십리, 가까운 곳은 몇 리인 데서야(어떠하겠는가)? 이로써 내가 그것을 헤아려보건대, 월나라 군사가 비록 많다 할지라도 어찌 승패에 이로움이 있겠는가? 고로 승리는 만들 수 있고, 적이 비록 많다 하여도 싸울 수 없도록 만들 수 있는 것이다.

《손자병법》 제9편 행군(行軍)편

兵非益多也 惟無武進, 足以幷力料敵, 取人而已.
병 비 익 다 야   유 무 무 진   족 이 병 력 료 적   취 인 이 기

夫惟無慮而易敵者 必擒於人.
부유무려이역적자 필금어인

병사가 많다고 좋은 것은 아니다. 오직 무용을 믿고 전진하지 말고, 적을 살펴서 (적에게) 힘을 아우름으로써(집중함으로써), 적을 제압하면 족한 것이다. 대저 생각 없이 쉽게 적을 대하는 자는 반드시 적에게 사로잡힌다.

[주도권]

결국 기만(기정배합)과 집중·상대적 우세를 통한다면, 적이 아무리 방어를 잘하면서 싸우지 않으려 해도 아군과 싸우지 않을 수 없고, 내가 비록 아무것도 안 하고 오로지 바닥에 막대기로 선을 그어 그곳을 방어한다고 하더라도 적은 그 선을 넘어오지 못한다고 하였다. 즉 전쟁에서 주도권을 잡게 되는 것이라고 하였다. 주도권을 잡게 되면 내가 원하는 곳에서 싸울 수 있고, 내가 원하는 곳에서 적을 맞이할 수 있는 것이다. 손자는 아군이 싸울 곳을 알고 싸울 시기를 안다면, 천리를 나가서도 전쟁을 할 수 있다고 하였다. '전쟁 신중론' 부분에서 기술하였듯, 천리로 군대를 보내는 것이 얼마나 많은 폐해를 주는지에 대해 수차례 강조한 손자가, 주도권을 잡고 전쟁을 수행한다면 천리를 가도 가하다는 말을 하고 있는 것이다. 기만(기정배합), 집중·상대적 우세, 주도권은 일련의 과정을 통해 연속적으로 달성되는 것이다.

《손자병법》 제6편 허실(虛實)편 - 주도권

孫子曰, 凡先處戰地 而待敵者佚, 後處戰地 而趨戰者勞.
손자왈 범선처전지 이대적자일 후처전지 이추전자노

故善戰者 致人而不致於人.
고 선 전 자 치 인 이 불 치 어 인

손자가 말하기를, 무릇 먼저 전장에 위치해 적을 기다리는 자는 편안하고, 나중에 전장에 위치해 적을 추월하는 자는 수고스럽다. 고로 전쟁을 잘하는 자는 적을 이끌어가지, 적에게 이끌림을 당하지 않는다.

能使敵人自至者 利之也, 能使適人 不得至者, 害之也.
능 사 적 인 자 지 자   이 지 야   능 사 적 인   부 득 지 자   해 지 야
故敵佚能勞之 飽能饑之 安能動之.
고 적 일 능 노 지   포 능 기 지   안 능 동 지

적으로 하여금 (내가 원하는 곳에) 스스로 오게 하는 것은 이익을 보여주는 것이고(이로움이 있는 것처럼 내가 행동하는 것이고), 적으로 하여금 (내가 원하지 않는 곳으로) 오지 못하게 함은 해를 보여주면 된다(해로움이 있는 것처럼 내가 행동하는 것이다). 고로 적이 편안하면 이를 피로하게 만들고, 배부르면 굶주리게 만들며, 안정되어 있으면 동요하게 만들어야 한다.

故我欲戰, 敵雖高壘深溝, 不得不與我戰者, 攻其所必救也.
고 아 욕 전   적 수 고 루 심 구   부 득 불 여 아 전 자   공 기 소 필 구 야
我不欲戰, 雖畵地而守之, 敵不得與我戰者 乖其所之也.
아 불 욕 전   수 화 지 이 수 지   적 부 득 여 아 전 자   괴 기 소 지 야

고로 내가 싸우고자 하면, 적이 비록 성루를 높이고, 개천을 깊게 한다 해도, 부득이 나와 싸울지 않을 수가 없는데, 반드시 구원해야 할 곳을 공격하기 때문이다. 내가 싸우지 않고자 하면, 비록 땅에 그림(경계)을 그려 그것을 지킨다 해도, 적은 나와 싸울 수 없는데, 그 원하는 바를 어질러 놓았기 때문이다.

주도권을 장악하는 구체적인 방법에 대해서 구지(九地)편에서는 아래와 같이 기술하고 있다.

《손자병법》 제11편 구지(九地)편

所謂古之善用兵者 能使敵人前後不相及, 衆寡不相恃,
소 위 고 지 선 용 병 자   능 사 적 인 전 후 불 상 급   중 과 불 상 시

貴賤不相救, 上下不相收, 卒離而不集, 兵合而不齊,
귀천불상구　상하불상수　졸리이불집　병합이불제
合於利而動, 不合於利而止.
합어이이동　불합어리이지

소위 옛날의 용병을 잘하는 자는 적으로 하여금 전후 서로 미치지 못하게 하고, 대부대와 소부대가 서로 믿지 못하게 하며, 귀천(좌우)이 서로 돕도록 하지 못하게 하고, 장수와 부하들이 서로 협조하지 못하게 하고, 병력을 분리시키고 집중되지 못하게 하며, 병력이 합하여져도 제(통제)가 안 되도록 만든다. 이익으로써 합치되면 움직이고, 이익으로써 합치되지 않으면 중지한다.

속전속결의 방법론 ⑤ : "세(勢), 형(形), 절(節)"

[세(勢), 속도]

《손자병법》에서는 세(勢), 형(形)이라는 단어를 여러 편에서 사용하고 있다. 먼저 병세(兵勢)편에서 말하는 세(勢)에 대해 설명한 내용을 살펴보면 다음과 같다. 병세(兵勢)편에서는 '거세게 물이 급하게 흘러 돌을 뜨게 이르는 것이 세(勢)이다'라고 표현하였고, '독수리가 급하게 내리꽂듯 나르는 모습'을 세(勢)로 설명하였으며, '세(勢)는 둥근 돌을 천 길의 낭떠러지에서 굴리는 것과 같은 것이다'라고 표현하기도 하였다.

《손자병법》 제5편 병세(兵勢)편

格水之疾, 至於漂石者 勢也. 鷙鳥之疾, 至於毀折者 節也.
격수지질　지어표석자 세야　　지조지질　지어훼절자 절야

是故善戰者 其勢險, 其節短, 勢如彍弩 節如發機.
시 고 선 전 자 기 세 험 　 기 절 단 　 세 여 확 노 　 절 여 발 기

거세게 흐르는 물이 급하게(빨리) 흘러 돌을 뜨게 이르는 것이 세(勢)이다. 독수리가 급하게(빨리) 날아(내리꽂듯 날아들어) 다른 새의 목을 부수고 날개를 꺾는 것에 이르는 것이 절(節)이다. 그러므로 전쟁을 잘하는 자는 그 세(勢)가 험(맹렬)하고, 그 절(節)이 짧아서, 세(勢)는 쇠뇌를 당긴 것과 같고, 절(節)은 발사기를 발사하는 것과 같다.

故善戰者 求之於勢 不責於人, 故能澤人而任勢. 任勢者,
고 선 전 자 　 구 지 어 세 　 불 책 어 인 　 고 능 택 인 이 임 세 　 임 세 자
其戰人也, 如轉木石. 木石之性 安則靜, 危則動 方則止,
기 전 인 야 　 여 전 목 석 　 목 석 지 성 　 안 즉 정 　 위 즉 동 　 방 즉 지
圓則行. 故善戰人之勢, 如轉圓石於千仞之山者, 勢也.
원 즉 행 　 고 선 전 인 지 세 　 여 전 원 석 어 천 인 지 산 자 　 세 야

고로 잘 싸우는 자는 (승리를) 세에서 구하는 사람에 대해 책임을 지우지 않는다. 고로 사람을 택하고(배치하고) 그리고는 (승리를) 세에 맡기는 것이다. 세에 맡기는 자는 사람을 싸우게 하는 것을 목석을 굴리는 것과 같이 한다. 목석의 성질은 안정되면 정지하고, 험(위태, 경사)하면 움직이며, 모나면 정지하고, 둥글면 굴러간다. 고로 적과 잘 싸우는 자의 세(勢)는 둥근 돌을 천 길의 산(낭떠러지)에서 굴리는 것과 같은 것이니, 이것이 세(勢)다.

그런데 이러한 병세(兵勢)편에서의 세(勢)의 정의에 더하여 시계(始計)편에서도 세(勢)의 정의에 대해 기술하고 있는데, 그 내용은 아래와 같다.

《손자병법》 제1편 시계(軍形)편

計利以聽, 乃爲之勢, 以佐其外, 勢者 因利而制權也.
계 리 이 청 　 내 위 지 세 　 이 좌 기 외 　 세 자 인 리 이 제 권 야

이 문장 앞에는 오사칠계(五事七計)[22]의 내용이 나오는데, 따라서 이 문장은 "(오사칠계를) 계산하여 이로움이 있어 따르면, 곧 이것이 세(勢)가 되고, 이로써 그 밖을 돕는다. 세(勢)라는 것은, (五事七計를 계산하여 얻은) 이익으로 인해 제권(制權)하는 것이다"로 해석될 수 있다. 여기서 제권(制權)의 의미에 대해서는 다양한 서적에서 다양한 해석을 하고 있는데, 종합하면 "변화하는 사태에 임기응변으로 상응한 조치를 취함으로써 주도권(승기)을 잡는 것이다"라고 해석할 수 있다. 결국 시계(始計)편에서 정의한 세(勢)는 "적보다 유리한 점들을 통해 주도권(승기)를 잡는 것"으로 이해될 수 있다. 우선 시계(始計)편에서 설명하는 세(勢)와 병세(兵勢)편에서 설명하는 세(勢)는 다른 의미라고 보아야 한다. 시계(始計)편에서 기술하는 세(勢)는 아군이 적보다 우세한 요소들의 집합으로 해석될 수 있다. 즉 오사칠계(五事七計)로 적국과 아국을 비교했을 때, 아국에게 유리한 점들의 집합이 세(勢)가 되는 것이다.

병세(兵勢)편에서 말하는 세(勢)는 '물이 돌을 띄울 정도로 거세게 흐르는 모습', '독수리가 먹이를 향해 내리꽂는 모습', '낭떠러지에서 둥근 돌이 굴렀을 때의 모습'으로 표현되고 있다. 이는 시계(始計)편에서 세(勢)를 유리한 것들의 집합으로 본 것과는 다른 개념인데, 매우 동적인 개념으로 설명하고 있다. 이는 모두 '부대 기

---

22 뒤에서 자세히 논하겠지만, 五事는 道, 天, 地, 將, 法을 말하고, 七計는 ① 임금의 통치, ② 장수의 유능, ③ 天地의 이로움, ④ 법령의 준수, ⑤ 부대의 강함, ⑥ 병사의 훈련, ⑦ 상벌의 분명을 말하는데, 五事七計는 전쟁 전 적국과 아국을 비교분석하는 지표이다.

동의 모습'을 비유적으로 표현한 것으로 보아야 한다. 여기서 말하는 기동이란 '出其不意', '迂直之計'에서의 기동이 아니다. 이것들은 모두 교전 단계 전까지의 기동을 의미한다. 수십리, 수백리의 부대 기동을 이와 같은 속도로 할 수 없기 때문에, 병세(兵勢)편에서의 세(勢)가 표현하는 기동 모습은 교전 단계에 이르러 적 부대로의 돌입, 돌파, 돌진하는 과정에서의 부대의 기동 모습을 설명하는 것이다. 즉 적의 부대를 돌입, 돌파, 돌진할 때에는 돌을 띄울 만큼 거센 물살처럼, 먹이를 향해 내리꽂는 독수리처럼, 천 길의 낭떠러지에서 굴러떨어지는 둥근 돌처럼 해야 한다는 것이다. 모두 '속도'를 강조하는 표현이다. 세력이 아니라 속도를 말하는 것이다.

[형(形), 질량]

형(形)은 손자병법에서 부대의 배치, 운영 등 다양한 의미로 사용되고 있다. 군형(軍形)편에서 정의하는 형(形)은 부대의 배치 등과는 다른 개념인데, 다음과 같이 설명하고 있다. 형(形)이란 모아둔 물을 천 길의 계곡으로 쏟아내는 것과 같다고 하였다. 막아두었던 물을 터놓으면 한꺼번에 쏟아진다. 조금씩 졸졸 흐르지 않는다. 이는 위의 세(勢)에서 말한 속도와는 다른 개념이다. 엄청난 양의 물이 한꺼번에 쏟아지는 모습이다. 여기서 강조하고 있는 것은 속도가 아니라 한꺼번에 쏟아지는 물의 양, 즉 질량을 말하는 것이다. 적의 부대를 향해 돌입, 돌파, 돌진할 때에는 부대를 수개로 나누어 조금씩 투입하는 것이 아니라, 한꺼번에 엄청난 질량을 가진 물이 쏟아지듯 투입해야 한다는 것이다.

《손자병법》 제4편 군형(軍形)편

勝者之戰 若決積水於千仞之谿者, 形也.
승자지전 약결적수어천인지계자 형야

승자의 싸움은 모아둔(막아둔) 물을 천 길의 계곡에 터놓은(쏟아내는) 것과 같으니, 이것이 형(形)이라 한다.

[절(節), 운동에너지]

　형세(形勢)편에서는 절(節)에 대해 '鷙鳥之疾 至於毁折者 節也'라고 정의하였다. 즉 독수리가 빠르게 날아들어 먹이의 목을 부러뜨리고 날개를 꺾는 것이 절(節)이라고 하였다. 이는 다시 말해 적을 공격할 때 단 한 번의 공격으로 먹이의 목을 부러뜨리고, 먹이의 날개를 꺾어버려야 하는데 그것이 절(節)이라는 뜻이다. 이러한 절(節)은 앞서 설명한 속도로 표현되는 세(勢), 질량으로 표현되는 형(形)에 의해 달성된다. 운동에너지는 질량과 속도에 비례한다. 맹렬한 속도(勢)와 큰 질량(形)으로 형성된 운동에너지를 가지고 적과 한 번 또는 짧게 부딪히는 교전으로 적을 물리치는 것을 절(節)이라고 표현한 것이다. 이와 관련하여 《손자병법》 구변(九變)편에서는 다음과 같은 내용이 기술되어 있다.

《손자병법》 제8편 구변(九變)편

孫子曰, 凡用兵之法, 高陵勿向, 背丘勿逆, 佯北勿從,
손자왈　범용병지법　고릉물향　배구물역　양배물종
銳卒勿攻.
예졸물공

손자가 말하되, 무릇 용병의 법은, 높은 고지를 향하지 말고(높은 데 위치한 적을 공격하자 말라), 언덕을 등진 적을 맞이하지 말며, 거짓으로 (패한 척) 달아나는 적을 추격하지 말고, 정예부대를 공격하지 말라.

여기서 "언덕을 등진 적을 맞지 말라"고 한 것은 운동에너지 및 절(節)과 관련된 내용이다. 즉 적이 언덕 위에서 언덕을 등지고 아군을 향해 규모를 가진 적 부대가 한꺼번에 달려 내려오면 그 속도와 질량에 따른 운동에너지는 커지게 된다. 적이 세(勢)와 형(形)을 통해 갖게 된 강력한 운동에너지로 아군을 공격하면 아군이 이를 감당할 수 없기 때문이다. 언덕에서 전속력으로 달려오는 몸집이 큰 사람과 부딪힌다고 생각해보라. 결과는 뻔하다. 한 번의 부딪힘으로 나는 튕겨 나가게 된다. 그 한 번의 부딪힘으로 나를 튕겨 나가게 만드는 그것이 바로 절(節)이다. 이러한 전투 양상을 설명하는 대표적인 예는 독자들도 잘 알고 있는 전투인 '마라톤 전투'이다. 아테네와 페르시아 간 전투에서 아테네군은 페르시아군을 포위 섬멸하는 작전을 펼쳤는데, 양쪽에서 적의 측익을 포위 공격하는 부대(방진)들은 언덕 내리막의 탄력을 이용, 맹렬히 기동하여 공격함으로써 페르시아군의 좌우측을 측면에서 공격하여 섬멸하였다. 이 밖에도 알렉산더 대왕이 페르시아군과 싸웠던 '이수스 전투'도 동일한 사례이다. 알렉산더 대왕은 당시 아마누스산 고지의 탄력을 이용하여 페르시아군의 좌익과 후방부를 강타하여 승리를 거둔 바 있다.

속전속결의 방법론 ⑥ :
"兵形象水"(상황에 따른 임기응변 : 임무형 지휘)

손자는 전장(戰場) 상황에 따른 임기응변을 매우 강조하였다. 허실(虛實)편, 군쟁(軍爭)편, 구지(九地)편에서 지속적으로 임기응변을 강조하였다. 이러한 임기응변을 강조하는 문구 중 최고는 '흐르는 물(兵形象水)'의 비유와 '상산의 뱀 솔연(常山之蛇 率然)'의 비유가 아닐까 한다. 손자는 병력 배치·운용 등 작전은 그 형태가 없다고 하였다. 그래서 간첩들도 알지 못한다고 하였다. 그 이유에 대해서는 설명하지 않았지만, 그 이유는 너무도 간단하다. 전장(戰場)의 상황이 백이면 백 모두 다르기 때문이다. 따라서 기존의 병력 배치·운영·기동 등에 관한 작전을 그대로 다시 사용할 수도 없는 것이고, 그때 그때 변화하는 상황에 따라 달리 작전을 수립하는 것이다. 또 작전을 수립했다 할지라도, 작전을 이행하는 과정에서 또 변화되는 상황이 발생하면 그에 따라 다시 부대의 배치 기동이 모두 변화하기에 특정한 형태와 작전이 있다고 말할 수 없는 것이다. 따라서 기정배합(奇正配合)으로 전투가 시작되지만, 전투의 진행과정에서 그때 그때 상황별 이익에 따라 병력을 분산시켰다가 다시 합치는 것을 반복하면서 전투를 진행해야 한다는 것이다.

《손자병법》 제6편 허실(虛實)편

故形兵之極 至於無形. 無形則深間不能窺, 智者不能謀.
고 형 병 지 극 지 어 무 형 무 형 즉 심 간 불 능 규 지 자 불 능 모

因形而措勝於衆 衆不能知.
인 형 이 조 승 어 중   중 불 능 지

고로 병력배치 및 병력형태의 극치는 무형에 이르는 것이다. 무형이면 신간(간첩)도 엿볼 수 없고, 지모 있는 자도 계책을 세울 수 없다. 병력 배치·형태로 사람들 앞에서 승리를 거두지만, 사람들은 (승리의 방법을) 알지 못한다.

人皆知我所以勝之形. 而莫知吾所以制勝之形.
인 개 지 아 소 이 승 지 형   이 막 지 오 소 이 제 승 지 형
故其戰勝不復, 而應形於無窮.
고 기 전 승 불 복   이 응 형 어 무 궁

사람들은 모두 나의 이긴 바의 형(병력 배치, 형태)을 알고, 나의 제승(승리를 제어)하는 바의 형은 알지 못한다. 그러므로 그 싸움에 이긴 것은 다시 하지 않고, 무궁으로써 (적의) 형(병력 배치, 형태)에 응한다.[1]

1) 사람들이 모두 내가 승리할 때의 군의 태세(병력 배치, 형태)는 알고 있으나, 내가 승리할 수 있도록 만든 태세에 대해서는 알지 못한다. 그러므로 싸움에 이긴 방법은 다시 쓰지 아니하고, 적의 배치상황에 따라 무궁무진한 전략전술로써 대응해야 하는 것이다.

夫兵形象水. 水之形避高而趨下. 兵之形避實而擊虛.
부 병 형 상 수   수 지 형 피 고 이 추 하   병 지 형 피 실 이 격 허
水因地制流, 兵因敵而制勝.
수 인 지 제 류   병 인 적 이 제 승

대저 병력의 배치·형태(군대의 운영)는 물의 형상이다(물과 같아야 한다). 물의 형상은 높은 곳은 피하고 낮은 곳으로 흐른다. 군대의 운영도 실한 것을 피하고 허점을 공격한다. 물은 지형에 따라 흐름의 형태가 이루어지지만, 군대도 적에 따라 승리가 이루어지는 것이다.

故兵無常勢, 水無常形. 能因敵變化而取勝者, 謂之神.
고 병 무 상 세   수 무 상 형   능 인 적 변 화 이 취 승 자   위 지 신
故五行無常勝, 四時無常位, 日有短長 月有死生.
고 오 행 무 상 승   사 시 무 상 위   일 유 단 장   월 유 사 생

그러므로 군대의 운영은 일정한 세가 없고, 물은 일정한 형태가 없다. 능히 적의 변화에 따라 승리를 치하하는 자를, (용병의) 신이라고 한다. 고로 오행에는 (서로

서로 억제하고 상생하여) 언제나 승리하는 바가 없고, 사계절은 언제나 변화하여 고정한 위치가 없고, 해도 길고 짧음이 있으며 달도 기울었다 차는 바가 있는 것이다.

《손자병법》 제7편 군쟁(軍爭)편

故兵以詐立, 以利動, 以分合爲變者也.
고 병 이 사 립 이 이 동 이 분 합 위 변 자 야

고로 전투는 (적을) 속임(기만함)으로써 성립하고, 이익으로써 움직이고(이로운 방향으로 행동하고), 분산하고 합침으로써 변화하는 것이다.

《손자병법》 제11편 구지(九地)편

故善用兵者 譬如率然. 率然者 常山之蛇也.
고 선 용 병 자 비 여 솔 연   솔 연 자 상 산 지 사 야
擊其首 則尾至, 擊其尾 則首至, 擊其中 則首尾俱至. 敢問
격 기 수 즉 미 지   격 기 미 즉 수 지   격 기 중 즉 수 미 구 지   감 문
兵可使如率然乎.
병 가 사 여 솔 연 호

고로 용병을 잘하는 자는 비유컨대 솔연과 같다. 솔연은 상산지방의 뱀이다. 머리를 치면 꼬리가 이르고(달려들고), 꼬리를 치면 머리가 달려들며, 중간을 치면 머리와 꼬리가 함께 달려든다. 감히 묻노니 병력의 운용을 솔연같이 부릴 수 있는가?

이러한 손자의 주장은 현대적으로 풀이하면 바로 '임무형 지휘'를 말하는 것이다. '임무형 지휘'는 현대적 기동전에서 반드시 필요한 지휘방식이다. 전쟁의 승패를 결정짓는 기동을 하기 위해서는, 단일한 기동으로는 존재하지 않으며, 그때 그때 적의 상황에 대한 정보를 바탕으로 지휘관의 판단에 따라 기동로를 변화하면서 전투

력의 분산, 집중 등을 반복해야 하기 때문이다. '임무형 지휘'는 불확실성이 뚜렷한 전장에서 일선 지휘관에게 수단을 위임하고 행동에 대한 자율권을 부여하며 달성 가능한 임무를 제시함으로써 자유롭고 창의적인 전술 행동을 보장하는 지휘체계 또는 지휘철학 사상을 일컫는다. 세세한 사항을 구속하는 통제형 지휘 전술체계에 대비되는 체계로, 19세기 중후반기를 전후해 독일군에서 처음으로 정립된 특유의 군대 지휘체계이다. 위와 같은 오늘날의 정의는 독일의 장군 한스 폰 젝트[23] 장군이 정의했던 말을 원용한 것이다. 한스 폰 젝트는 '임무형 지휘는 수행의 세부사항까지 구속하는 명령형에 반대되는 것으로 수단을 위임하고 실행을 위한 자유를 부여한 가운데 달성 가능한 목표를 부여하는 방식'이라 보았다. 미군에서는 '임무형 지휘'를 'Mission type orders(임무형 명령)'로 번역하여 사용하는데, 상급지휘관은 예하지휘관에게 단지 일반적인 임무만을 부여하고 예하지휘관이 그것을 실행하는 방법의 자유를 확보하도록 한다는 개념을 반영하는 단어라 할 수 있겠다. 이러한 '임무형 지휘'는 모든 단위부대 지휘관 참모에게 공통적으로 적용된다. 즉 군(Army)에서부터 분·소대에 이르기까지 적용되는 전술체계이다. 현대전이 있어서는 '임무형 지휘'가 왜 강조되는가? 손자의 말대로 그것은 전장상황이 수시로 변화하기 때문이다. 기원전 시대를 살았던 손자는 '임무형 지휘'의 중요성을 이전부터 알고

23　Hans von Seeckt. 1866-1936. 제1차 세계대전 패전 직후인 1919년에 현재의 참모총장 격인 국방부 병무국장을 지내고, 이후 1926년까지 국방군 육군 총사령관(Chef der Heeresleitung der Reichswehr)으로서 독일군 재건을 담당한 인물이다.

《손자병법》을 통해 강조하였다. 기원전에 손자가 말한 내용을 근대에 이르러서는 1800년도가 돼서야 나폴레옹 전쟁 이후 독일이 최초로 연구하여 도입하였다.

여기서 '임무형 지휘'의 전제가 되는 개념이 바로 'Recon-Pull(Reconnaissance-Pull)'이다. 'Recon-Pull'은 본대보다 정찰대가 먼저 기동하여, 적의 간격을 발견하고, 기동로를 판단하면 본대가 그에 따라 기동하는 개념으로, 'Recon-Pull'의 전술개념 하에서는 상급지휘관이 예하부대의 기동로, 병력의 배치를 지정하여 주는 것이 아니라, 예하부대 정찰대의 정찰결과에 따라 결정하게 된다. 이에 반대되는 개념이 바로 'Command-Push'이다. 이는 상급부대 지휘관이 공격 방향 및 그 축선, 기동로를 결정해주고 예하부대로 하여금 그에 따르도록 하는 방식으로, 'Command-Push' 전술개념 하에서는 정해진 바는 좀처럼 수정될 수 없다. 공격 방향이 정해지면 그 방향에 많은 적에 의해 많은 전투력이 손실·소모된다 할지라도 투입하게 된다. 그때 그때 상황에 따라 병력의 배치와 형태·기동로를 바꾸는 등 작전계획을 수정하기 위해서는 적극적인 적에 대한 정찰을 전제로 하는 것이다. 이러한 이유로 'Recon-Pull' 전술개념은 '임무형 지휘'의 전제가 되는 것이다. 'Recon-Pull' 전술개념을 철저하게 이행한 부대는 몽골 칭기즈칸 부대였다. 몽골 부대는 서방원정을 하면서 뛰어난 기병으로 편성된 소수의 정찰대를 적 주둔 예상지역을 향해 100km 전방까지 사방으로 파견하여 적의 배치상태, 지형 및 도로 상태, 식량조달 가능 여부 등 정보를 적극적으로 파악하였다. 'Recon-Pull'의 전형(典型)을 보여준 것이라 할 것이다.

손자는 임무형 지휘와 관련하여 물에 비유하거나 솔연이라는 뱀에 비유했다. 물은 높은 곳에서 낮은 곳으로 흐르고, 튀어 나온 곳이 있으면 옆으로 돌아서 흐르고, 움푹 패인 곳이 있으면 그곳에 물은 집중되어 고이게 된다. 물은 유연하게 그 지형에 따라 즉각적으로 변화를 거치면서 흘러가게 된다. '상산의 뱀 솔연'도 마찬가지이다. 머리를 공격받으면 꼬리가, 꼬리를 공격받으면 머리가, 가운데를 공격받으면 머리와 꼬리가 같이 공격한다. 손자의 물과 뱀의 비유에서 우리가 가장 중요하게 깨달아야 하는 것은 상황에 따라 유연하게 움직인다는 것이 아니라, '즉각적'으로 반응한다는 점이다. 물은 흐르다가 튀어 나온 지형을 만나면 그 자리에서 한참 있다가 옆으로 우회해서 흐르지 않으며, 뱀의 머리나 꼬리를 공격하면 조금 시간이 지난 후에 뱀의 다른 쪽이 반응하지 않는다. 모두 즉각적으로 반응한다는 것이고, 손자가 강조하고자 한 점이 바로 이 '즉각성'이라는 것을 깨달아야 한다. 물이 지형에 맞게 흐르되 '즉각적'으로 그에 맞춰 흐르는 것이 중요한 것이고, 뱀이 움직이되 공격받음과 '동시에' 움직인다는 점이 중요한 것이다. 위에서 기술하였듯, 손자가 허실(虛實)편에서 '兵因敵而制勝(군대도 적에 따라 승리가 이루어지는 것이다)'이라고 말한 것은, 적이 약하거나 잘못하였기 때문에 승리한다는 뜻이 아니다. 적에 대한 정찰에 따라 아군의 즉각적인 작전 변화가 이뤄지고, 우리의 템포(Tempo)가 적보다 빠르게 되니, 결국 그것이 누적되어 적으로 인하여 승리를 한다는 뜻이다. 이 문장은 바로 'Recon-Pull'을 표현한 문장이라고 해도 과언이 아니다.

한국군의 사정은 어떠한가? 기동전을 한다고는 하지만, 군(Army)에서부터 분소대까지 '임무형 지휘'는 잘 실천하고 있는지, 또 'Recon-Pull'의 전술개념을 잘 적용하고 있는지 질문을 던져본다. 혹시 지금도 훈련에서 상급부대 지휘관은 단일 기동로를 도면에 그려주고 그 방향으로 공격하라고 명령을 내리고 있지는 않는지, 최종 목표를 여전히 '어떤 고지를 점령하라'라고 정해주지는 않는지, CPMX(지휘소 이동연습) 간에 사전에 적 지역을 포함하여 작전지역 전체를 모두 다녀본 후 훈련을 하고 있지는 않은지? 만약 실제 전시라면 어떻게 적의 지역까지 다 다녀본 후 전투하겠는가?

기동과 세(勢)·형(形)·절(節) : 마라톤 전투

BC 8~6세기에 걸쳐 적극적으로 해외식민지 확보에 주력을 해온 아테네는 필연적으로 동방의 강자였던 페르시아와 격돌하지 않을 수 없었다. 마라톤 전투는 2차 페르시아 전쟁 중에 발생하였다. 당시 아테네군은 중장 밀집보병으로, 기동면에서 페르시아 경기병에 크게 뒤떨어졌다. 만약 페르시아군의 경기병들이 아테네군이 측후방으로 기동하여 아테네군을 포위 공격을 하면, 아테네군으로는 매우 불리할 수 있었기에, 아테네군은 좌우측과 뒤쪽으로는 높은 산악지형을 두고, 정면만을 노출한 채 골짜기에서 페르시아군을 탐색하며 교전의 적기를 노리면서 적과 대치하고 있었다.

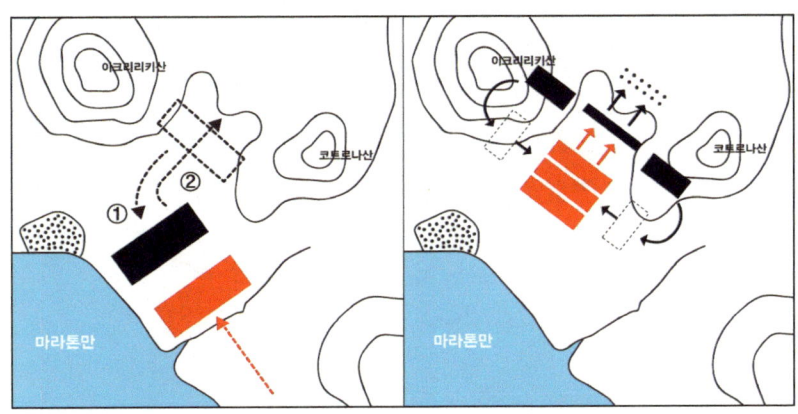

그러던 중 기동이 빠른 적의 기병대가 아테네의 중심부를 공격하기 위해 전선에서 사라졌다는 정보를 획득하자, 불리함이 사라지게 된 아테네군은 골짜기에서 나와 페르시아군과 교전을 하였으나, 페르시아군의 강력한 저항으로 뒤로 후퇴하게 되었다. 아테네군이 뒤로 후퇴하자 페르시아군은 아테네군의 약한 정면을 공격하기 위해 진격을 하였다. 당시 아테나군은 11,000명이고 페르시아군은 15,000명으로 수적 열세에 있었는데, 아테나군은 전면을 4오로 얇게 배치하고, 양측에는 8오로 증강된 측익을 두었다. 아테네군은 먼저 공격을 한 후 후퇴하면서 페르시아군을 유인하였고, 페르시아군이 전진해오자 약한 중앙부대는 페르시아군을 견제하고, 8오로 구성된 좌우 증강부대가 언덕 내리막의 탄력을 이용하여 맹렬히 기동하여 페르시아군 좌우 측면을 공격함으로써 페르시아군을 포위 섬멸하였다.

大우회 기동과 템포(Tempo), 집중 : 나폴레옹 울름 전역

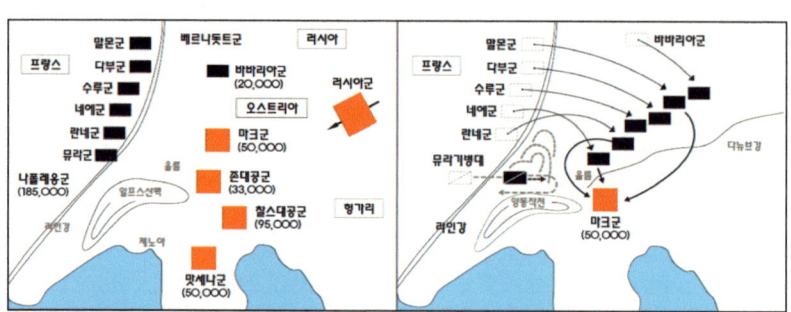

나폴레옹의 많은 전투 중에 울름(Ulm) 전역에서의 전투는 大우회 기동과 기만과 집중, 주도권을 보여주는 대표적인 사례로 들 수 있다. 나폴레옹이 황제로 등극한 후 오스트리아와 러시아는 대불동맹을 체결하고 프랑스를 공격할 준비를 하였다. 이에 나폴레옹은 당시 프랑스의 함선 1,300척을 기습적으로 나포한 영국과의 교전을 위해 영국에 대한 상륙작전을 준비 중이었으나, 이를 미루고 오스트리아·러시아 군대를 격파하고자 하였다.

나폴레옹은 러시아군이 도착하기 전에 프랑스군 20만 명의 병력을 집중하여 마크군 격파를 결심하였다. 그리하여 라일강에 연하여 무려 110km 광정면에 걸쳐 부대를 도하시킨 후, 일일 평균

20km 속도로 신속히 기동한 후, 다뉴브강에 이르러 110km의 광정면에 펼쳐져 있던 부대를 한 방향을 집중하였고, 뮤라 기병대로 하여금 마크군을 견제하여 양동작전을 펼치도록 하면서 란네군, 네에군, 말본군 등으로 하여금 마크군을 포위하도록 하여, 병력을 집중함으로써 마크군을 격파하였다. ① 110km의 광정면에 걸친 대규모 우회 기동을 한 후, ② 적이 대응할 수 없는 속도로 신속히 기동한 후, 이후 마크군과의 교전에 이르러서는 ③ 적보다 압도적인 병력을 집중시킴으로써 마크군을 격파할 수 있었다. 이러한 대우회 기동 후 일정 지점으로의 전투력 집중은 미국을 포함한 다국적군과 이라크와의 전쟁인 걸프(Gulf)전에서 그대로 재현되었다.

속전속결, 기동전의 교과서 :
2차 세계대전 프랑스 전역(독일의 전격전)

제2차 세계대전 당시 독일군의 프랑스 공격에 맞서 프랑스 전역에 투입된 연합군의 총 병력은 133개 사단이었다. 프랑스군 92개 사단, 영국군 10개 사단, 벨기에군 22개 사단, 네덜란드군 9개 사단이 투입되었다. 연합군 측은 마지노선에 방어진지와 요새가 구축되어 있고, 아르덴 삼림지대는 기계화 부대의 기동이 어렵다고 판단하여 1차 세계대전 때처럼 독일군의 주공이 네덜란드와 벨기에 축선으로 공격해올 것으로 판단하고, 7군을 예비대로 하여 네덜란드와 벨기에 축선 후방에 두어 독일군의 공격에 대비하고자 하였다. 만약 독일군이 네덜란드와 벨기에 축선으로 공격을 해오면 7군을 네덜란드 브레다까지 진출시켜 독일군의 진격을 측면에서 강타하도록 하는 계획을 세웠다. 적의 기계화 부대의 기동이 불가능하다고 판단한 아르덴느 삼림지대에는 방어요새도 없었고, 연합군의 9군과 2군 간의 간격은 무려 약 80km가 되었다.

독일군의 최초 공격계획은 황색계획(Plan Yellow)이었다. 1차 세계대전 때의 슐리펜 계획[24]과 유사하게 프랑스의 마지노선과 아르덴느 삼림지대를 피하고 네덜란드와 벨기에의 저지대에 기계화 부대를 투입하여 파리로 진격하여 대우회 포위한다는 계획을 세웠다. 그러나 당시 A집단군의 참모장으로 있던 만슈타인은 네덜란드와 벨기에 축선으로의 공격하는 경우, 연합군도 이미 예상하는 기동로이므로 기습을 달성할 수 없고, 또한 북쪽지역에서의 기동은 강한 영국군과 조우하게 되어 결국 적에게 섬멸적인 타격을 입힐 수 없다고 하면서, 아르덴느 삼림지대로 기습돌파하여 연합군의 후방을 차단해야 한다고 하였다. 아르덴느 삼림지대로 기습돌파하여 적의 후방을 차단하는 경우, 영국군과 프랑스군을 분리시킬 수 있다고 하였다. 퇴로와 병참선에 예민한 영국군은 영불해협 해안선 쪽으로 퇴각할 것이고, 프랑스군은 파리를 방어하기 위해 파리 방향으로 후퇴하게 될 것이라고 예상하였다. 독일의 최고

---

24 슐리펜 계획(Schliffen-Plann)은 제1차 세계대전 당시 알프레트 폰 슐리펜이 1905년 12월 작성한 독일제국의 전쟁계획이다. 프랑스의 강력한 방어선을 회피하기 위해 벨기에와 네덜란드를 통과하여 프랑스를 침공하는 것을 골자로 하는 계획이다.

사령부는 이에 반대하였지만, 만슈타인이 히틀러와 독대한 후, 히틀러가 만슈타인의 계획을 승인하게 되었다.

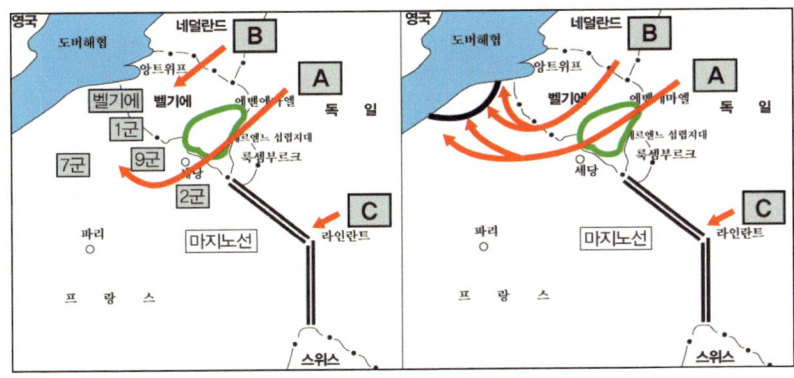

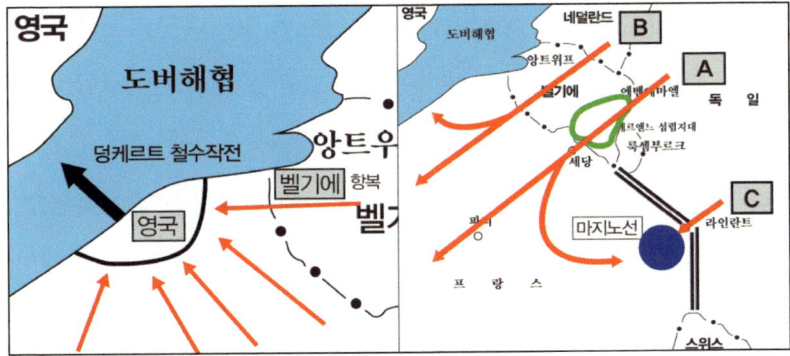

만슈타인의 계획에 따라 독일군의 계획은 다음과 같았다. 1차 계획으로는 B집단군으로 하여금 벨기에와 네덜란드를 공격하고, C집단군으로 하여금 마지노선 정면에서 프랑스군에 대한 견제작전을 수행하며, 주공인 A집단군으로 하여금 연합군이 기계화 부대가 기동할 수 없다고 판단하고 있는 아르덴느 삼림지대를 통과하여 해안까지 진격함으로써, B집단군과 함께 솜므강 이북의 연합군

을 차단, 포위하고 섬멸하고자 하였다. 즉 주공을 연합군이 방비하지 않은 아르덴느 삼림지대로 하여 연합군의 9군과 2군 사이로 지향하였다. 2차 계획으로는, B집단군으로 하여금 솜므강 하류에서 남서쪽으로 진격시키고, A집단군은 파리 동부를 돌파한 후 프랑스군을 마지노선 배후로 밀어붙여 C집단군과 함께 프랑스군을 포위·섬멸하고자 하였다.

[기만, 견제 및 돌입 단계]

독일군은 1940년 5월 10일 드디어 작전계획을 실행에 옮겼다. 독일 공군이 네덜란드 비행장을 공습하였고, 공수부대가 로테르담과 헤이그에 낙하하여 후방을 교란하였으며, B집단군은 신속하게 브레다, 로테르담으로 진격하여 네덜란드군을 포위하고, 4일 만인 5월 14일에 네덜란드는 항복을 하게 되었다. 벨기에 대한 공격도 마찬가지로 5월 10일에 독일 공군이 벨기에 비행장을 공습하였고, 공수부대가 주요 요새를 점령하고 기동로를 확보함으로써 기계화 부대가 진격하는 데 기여하였다. 연합군 35개 사단은 당시 벨기에의 나무르와 앙트워프 사이를 방어하고 있었는데, 독일군의 주력이 그 방향으로 기동하리라는 오판에서였다. 그러던 사이 독일군의 주력인 A집단군이 연합군이 예상하지 못한 아르덴느 삼림지대를 통과하여 2군과 9군의 방어선을 붕괴시켰다. C집단군은 마지노선에 배치되어 있는 프랑스군을 정면에서 견제하였다.

[돌파단계]

아르덴느 삼림지대를 통과한 주공인 A집단군이 신속하게 기동을 하여 후방을 차단하면서 적을 영불해협 방향으로 몰아가자, 프랑스군은 남북으로 분리되게 되었고, 프랑스 북쪽지역을 방어하고 있던 영국군은 병참선과 퇴로를 차단당할 위협에 처하자 해안 쪽으로 철수할 수밖에 없었다. 5월 28일부터 6월 5일까지 영국군과 프랑스군, 그리고 벨기에군은 덩케르트 일대에서 방어선을 구축하고 방어를 하였지만, 벨기에군이 결국 항복하게 됨으로써 벨기에군 쪽 방어선이 붕괴되자 영국으로 철수할 수밖에 없는 상황에 직면하게 되었다. 다행히 독일군이 덩케르트 전방 16km 되는 지점에서 공격을 멈추게 되자, 덩케르트 철수작전이 시작되었고, 영국군 약 22만 명, 프랑스와 벨기에군 약 11만 명이 뒤섞여 영국으로 철수하게 되었다. 당시 독일군은 연합군, 특히 영국군을 섬멸시킬 수 있는 절호의 기회를 얻었는데, 독일군이 공격을 멈춘 것은 독일 공군참모총장 괴링이 공군력만으로 적을 섬멸할 수 있다고 주장하였고, 이를 히틀러가 승인하였기 때문이었다. 이에 대해 이는 히틀러의 오판이 아니라 영국군이 궤멸되는 것을 히틀러가 원하지 않았다는 견해도 있다.

[돌입 및 포위섬멸]

마지노선 북단에서부터 영불해협에 이르는 광대한 정면이 무방비 상태에 이르게 되자, 독일은 즉시 적색계획(Plan Red)을 발동하여 남부 프랑스를 점령하기 위한 2단계 작전을 시작하여 신속히 기계화 부대를 프랑스 내륙으로 기동시켰다. 6월 13일에 파리에 입성하였고, 6월 17일에는 A집단군의 선봉이었던 구데리안 장군이 이끄는 기갑 군단이 마지노선 안에 있던 프랑스군 50만 명을 포위하였으며, 마지노선 정면에서 견제작전을 수행 중이던 C집단군이 전면공격에 들어가자 프랑스군은 붕괴되었다. 프랑스는 6월 22일에 독일에 항복선언을 하고 독일과 정전협정을 체결하게 되었다. 이로써 6주 만에 프랑스, 벨기에, 네덜란드가 항복하였고, 각국의 부대는 궤멸되었다.

손자병법을 넘어서는 병법의 완전체 : 몽골군

인류 역사상 칭기즈칸의 몽골군보다 더 광활한 영토를 정복한 군대는 없었다. 칭기즈칸은 평생 한자를 배운 바 없었기에, 《손자병법》을 연구하거나 이에 영향을 받은 바도 없었다. 그럼에도 《손자병법》에서 강조된 모든 전략·전술은 몽골군에서 그대로 실행되었고, 또 이를 뛰어넘은 위대함을 보여주었다. 현대의 기동전의 교리들은 몽골군의 전략·전술을 그대로 반영한 것이라 해도 과언이 아닐 정도이다. 현대의 기계화 부대를 이용한 기동전은 1, 2차 세계대전을 거치면서 비로소 정립되었는데, 이렇게 근래에 와서야 정립된 기동전의 전략·전술은 1200년대에 그대로 몽골군에 의해 실행되고 있었던 것이다. 우리는 가끔 영화나 소설에서 현대식 무기를 가진 군인들이 고대나 중세 시대의 과거로 시간여행을 가게 되는 이야기를 볼 수 있는데, 몽골군은 전차가 말로 대치되었을 뿐, 현대에서 그 당시로 시간여행을 해서 돌아간 부대나 다름없었다. 미래에서 온 부대였다. 그만큼 당시로서는 상상도 할 수 없었던 현대 전쟁에서 사용되고 있는 전략·전술을 그대로 사용하였다.

몽골군의 전략·전술은 사냥하는 방법에서 비롯되었다. 한편으로는 사냥감의 퇴로를 차단하고, 또 한편으로는 수개의 방향에서 사냥감을 몰아, 최종적으로는 사냥감을 포위하여 획득하는 방식이 그대로 전쟁에서의 전략·전술에 반영되었다. 몽골군은 전쟁을 하기 전에 간첩을 활용해 적의 정보를 파악하는 한편, 부대가 기동할 때에도 수백 킬로미터 전방으로 정찰대를 보내, 적에 관한 모든 정보를 파악했고, 또한 지역 사람들과 여러 나라를 돌아다니는 상인들을 통해서도 정보를 획득하였다. 이렇게 파악된 정보를 가지고 적의 강점과 약점을 파악했고, 적과의 교전을 위해 기동할 때에는 우회하거나 상대방이 예상치 못한 곳으로 기동하고, 당시로서는 상상도 할 수 없는 속도로 적에게 접근했다. 교전단계에 이르러서는 점, 선, 면의 전투 양상을 모두 실행하면서, 그때 그때 상황에 맞게 수시로 작전을 변경해가며 기만책과 정공법을 섞어가며 적과 교전하였다. 그리고는 최종적으로 적을 한 방향으로 몰아 포위하고 섬멸했다. 필자는 여러 전사를 연구하였지만, 몽골군만큼이나 위대하고 시대를 초월하는 전략·전술을 펼친 부대는 지금도 보지 못했다. 좀 더 심오한 몽골군의 전략·전술에 대한 연구를 통해 현대 기동전의 더 발전된 형태를 발견할 수도 있을 것이다.

[몽골의 호라즘 정벌]

　몽골군의 전쟁 중 호라즘 왕국 정벌과정을 대표적으로 살펴보도록 하겠다. 당시 호라즘 왕국은 오늘날의 이란, 아프카니스탄, 우즈베키스탄, 투르크메니스탄, 키르기스스탄 등에 이르는 광대한 제국을 가진 신흥제국이었으며, 40만 대군을 보유한 만만치 않은 상대였다. 호라즘 왕국은 6,000미터가 넘는 고지대에 있었고, 또한 키질쿰 사막과 아쿰 사막, 그리고 시르다리야강으로 둘러싸인 천혜의 지역으로 공격하기가 거의 불가능에 가까웠다. 호라즘 왕국의 샤 무함마드 2세는 키질쿰 사막과 천산 산맥은 병력이 기동할 수 없다고 판단하고 있었고, 또한 몽골군은 유목민족이기에 공성전에 약하다고 판단하고 병력을 요새를 중심으로 분산 배치하였다.

　몽골군은 호라즘 왕국을 공격하기 위해서 3,000km가 넘는 거

리를 행군해야 했고, 더욱이 적이 예상하지 못한 곳으로 기동해야 했기에, 대부분의 기동을 산맥과 사막으로 기동해야만 했다. 칭기즈칸은 20만 대군을 4개의 부대로 나누고, 2개의 방향에서 기동토록 하였는데, 칭기즈칸이 이끄는 주력부대는 알라타우 산맥과 아쿰 사막 사이의 황폐한 골짜기를 따라 기동하는 것이었고, 다른 한 방향은 천산 산맥을 넘어가는 기동로였다. 칭기즈칸이 있었던 주력부대는 호라즘 왕국에 이르러 적의 도시 오르타르를 점령하였고, 이후 일부 병력으로 하여금 적이 예상하고 있는 공격 방향인 타슈켄트를 공격하게끔 하면서 적을 기만하고, 나머지 주력은 적이 전혀 예상할 수 없는 너비가 650km나 되는 키질쿰 사막을 횡단하였다.

몽골군의 조공부대는 천산 산맥을 넘었는데, 당시는 겨울이어서 온도가 영하 50도까지 떨어지는 날씨였음에도, 조공부대는 미리 준비한 양가죽 등으로 이를 견디고 3개월 만에 천산 산맥을 넘었다. 호라즘 샤 무함마드 2세는 몽골군이 겨울에 천산 산맥을 넘어오리라고는 전혀 예상할 수 없었고, 몽골군이 천산 산맥을 넘었다는 사실에 매우 당황하였다. 몽골군이 천산 산맥을 넘어서자 호라즘 샤 무함마드 2세는 급히 병력을 남쪽으로 이동 배치시켰다. 그러나 조공부대는 다시 둘로 나누어져, 하나는 적이 예상할 수 있는 호젠트로 진격하게끔 하여 적의 병력을 견제하였고, 다른 하나는 적이 예상할 수 없는 경로를 이용하여 적의 수도인 사마르칸트로 진격하였다. 이를 통해 사마르칸트를 포위함으로써 호라즘 샤 무함마드 2세가 도망갈 수 없도록 퇴로를 차단하고자 하였다.

    호라즘 샤 무함마드 2세는 몽골군이 호젠트를 공격하자, 호젠트에는 비교적 많은 병력이 방어를 하고 있었기에 안심하고 있었는데, 갑작스럽게 다른 부대가 사마르칸트 남쪽에서 노략질을 하고 있다는 정보를 보고받고 급히 예비병력을 이동 배치시켜 사마르칸트의 남쪽을 방어하고자 하였다. 그러나 곧이어 키질쿰 사막을 건너온 적의 주력부대가 사마르칸트를 공격해온다는 소식을 듣고 호라즘 샤 무함마드 2세는 사마르칸트를 버리고 도주하였다가 죽음을 맞이하였고, 호라즘 제국은 멸망하게 되었다. 호라즘 샤 무함마드 2세가 몽골군의 주력부대가 사마르칸트로 공격해온다는 첩보를 받기 전까지, 호라즘의 정보부대는 몽골군의 주력이 어디 있는지 파악조차 하지 못하고 있었다. 키질쿰 사막을 횡단해왔기 때문이었다. 몽골군의 주력부대 위치를 파악한 후에도 호라즘이 대응할 수 없었던 것은 적의 주력부대가 너무도 빠른 속도로 기동해왔기 때문이었다.

[손자병법과 몽골군의 호라즘 정복]
① 用間과 五事七計
    몽골군은 전쟁을 하기 전 첩자와 상인 등을 통해 호라즘 왕국의 정보를 획득하였다. 적의 지형과 호라즘으로의 기동로, 적의 병력 등 군 상황을 모두 파악하였다. 당시 몽골군은 호라즘 왕국 자체가 샤의 군사정복으로 세워진 지 4년도 안 되는 신생국이어서 아직 국

가로서 완벽하게 갖추어져 있지 않아 빈틈이 많다는 것을 알고 있었다. 또 호라즘 왕국의 급격히 늘어난 병력은 대부분의 부대가 서로 적대적인 부족이어서 앙숙인 부족과 힘을 합쳐 싸우려 하지 않으며, 왕국 곳곳에 반란이 빈번하게 일어나기 때문에 배치된 수비대는 다른 곳으로 옮겨 배치하기 힘들다는 점을 간파하고 있었다. 또한 호라즘 샤의 군대가 거대한 군사조직이기는 하나 기동력이 없다는 점도 알고 있었다. 호라즘 샤 무함마드 2세가 몽골군이 공성전에 약하다고 오판하고 병력을 요새 위주로 분산 배치하였다는 점도 확인하였다.

② 出其不意

몽골군의 조공은 영하 50도가 넘게 떨어지는 천산 산맥을 넘었는데, 호라즘 샤는 몽골군이 천산 산맥을 넘었다는 사실에 크게 놀랐고, 주공이 어디인지 파악할 수 없었다. 주공부대는 다시 적이 예상할 수 없었던 키질쿰 사막을 횡단하여 기동하였다.

③ 奇正配合

주공과 조공의 각각 일부를 적이 예상하고 있는 호젠트, 타슈켄트를 공격하도록 하여 공격 방향을 기만하였다.

④ 迂直之計, 기동, 기습

주공과 조공의 각 주력부대는 호라즘이 예상할 수도 없는 속도로 기동하여, 호라즘의 병력들이 주로 배치되어 있는 각 도시의 요새들을 우회, 주공은 너비가 650km나 되는 키질쿰 사막을 횡단, 우회 기동하여 호라즘 샤 무함마드 2세가 있는 사마르칸트로 기동하였고, 조공의 주력부대는 적의 병력이 배치된 성들을 우회하여 사마르칸트의 남쪽으로 기동하였다.

⑤ 奪其所愛

호라즘 왕국은 무함마드 2세가 무력으로 통일을 이룬 지 몇 년 밖에 되지 않는 상태였기에 호라즘 왕국의 모든 권력은 무함마드 2세에게 집중되어 있었다. 따라서 호라즘의 각 성에 있는 병력들을 모두 궤멸시킬 필요 없이 무함마드 2세가 있는 사마르칸트로 병력을 집중하여 무함마드 2세를 사로잡거나 죽이면 호라즘 전체의 전쟁의지가 마비되므로, 전쟁에서 쉽게 승리할 수 있다는 판단 하에 주공과 조공은 모두 주력부대를 사마르칸트로 집중하였다.

Chapter 05
지피지기(知彼知己) 오사칠계(五事七計)

손자에게 물었다.
"부전승, 속전속결하려면 먼저 해야 할 것은 무엇인가요?"

손자가 대답했다.
"적을 알고 나를 알면 위태롭지 아니하니,
오사(五事)와 칠계(七計)로써 적과 나를 비교분석한 후에야
부전승과 속전속결의 방책을 세울 수 있다."

지피지기(知彼知己)에 대한 《손자병법》의 기술

　일반 대중들에게 《손자병법》 하면 가장 먼저 떠오르는 문구는 '知彼知己 百戰百勝'이다. 그러나 이러한 문구는 《손자병법》에 존재하지 않는다. 정확한 표현은 모공(謀攻)편에서 나온 '知彼知己 百戰不殆'이다. 즉 "적을 알고 나를 알면 백 번 싸워도 위태롭지 아니하다"라는 뜻이다. 지피지기(知彼知己)의 중요성에 대해서 손자는 시계(始計), 모공(謀攻), 구변(九變), 지형(地形)편에서 계속 강조하였다. 무려 네 편에서 반복적으로 언급하고 있는데, 그만큼 손자가 《손자병법》을 통해 가장 강조하고 싶었던 원칙이다.

《손자병법》 제3편 모공(謀攻)편

故曰, 知彼知己 百戰不殆. 不知彼而知己 一勝一負,
고왈　지피지기 백전불태　부지피이지기　일승일부
不知彼不知己 每戰必殆.
부지피부지기 매전필태

고로 적을 알고 나를 알면 백 번 싸워도 위태롭지 아니하다. 적을 모르고 나를 알면 한 번 승리하고 한 번 패배한다. 적을 모르고 내 자신도 모르면 매번 싸울 때마다 반드시 위태로워진다.

《손자병법》 제10편 지형(地形)편

知吾卒之可以擊, 而不知敵之不可擊,
지오졸지가이격 이부지적지불가격

勝之半也. 知敵之可擊 而不知吾卒之不可以擊 勝之半也.
승지반야   지적지가격 이부지오졸지불가이격 승지반야

知敵之可擊 知吾卒之可以擊 而不知地形之不可以戰
지적지가격 지오졸지가이격 이부지지형지불가이전

勝之半也.
승지반야

내 군대가 적을 공격할 수 있음(적을 공격할 수 있는 아군의 능력 등 그 상황을 잘 알고 있음)을 알지만, 적을 공격할 수 없음(적을 공격해서는 안 되는 적의 상황)을 모른다면, 승리(의 확률)는 반이다. 적을 공격할 수 있음(적의 상황, 약점을 잘 알고 있음)을 알지만, 내 군대가 적을 공격할 수 없음(아군의 상황을 잘 알지 못하고 있는 상황)을 모르면, 승리(의 확률)는 반이다. 적을 칠 수 있음을 알고 내 군대가 적을 칠 수 있음을 알아도(적과 나의 군 사정을 잘 알고 있어도), 지형의 싸울 수 없음(지형으로 보아 싸울 수 없음)을 알지 못하면, 승리(의 확률)는 반이다.

故知兵者 動而不迷 擧而不窮. 故曰 知彼知己 勝乃不殆.
고지병자 동이불미 거이불궁   고왈 지피지기 승내불태

知天知地 勝乃可全.
지천지지 승내가전

고로 용병을 아는 자는, 군을 움직이되 의심되는 바가 없고(확신을 갖고 군을 움직이고), 군을 일으켜도 궁하지(궁지에 몰리지) 않는다. 고로 적을 알고 나를 알면 승리는 이내 위태롭지 아니하고, (나아가) 하늘(기상과 시간)을 알고 지형을 알면 승리는 이내 완전해진다.

《손자병법》 제1편 시계(始計)편

夫未戰而廟算勝者, 得算多也, 未戰而廟算不勝者
부 미 전 이 묘 산 승 자   득 산 다 야   미 전 이 묘 산 불 승 자
得算小也 多算勝 小算不勝 而況於無算乎 吾以此觀之
득 산 소 야 다 산 승 소 산 불 승   이 황 어 무 산 호   오 이 차 관 지
勝負見矣.
승 부 견 의

대저 아직 싸우기 전에 묘(조정)에서 (피아 전력 비교분석을) 계산하고 승리한 자는, 많은(충분한) 계산으로 얻은 것이고, 아직 싸우기 전에 (피아 전력 비교분석의) 계산을 하였음에도 승리하지 못한 자는, 적은(불충분한) 계산으로부터 얻은 것이다.[1] 많이(충분히) 계산(비교분석)한 자는 승리하고, 적게(불충분하게) 계산(비교분석)한 자는 승리하지 못하는데, 하물며 아예 계산(비교분석)조차 하지 않는 데서야(두말할 필요도 없지 않은가)?

1) 위의 해석과 달리 다른 서적들에서는 "전쟁을 시작하기 전에 조정에서 계산(비교분석)을 하여 승리하는 자는 승산이 많기 때문이고, 전쟁을 시작하기 전에 조정에서 계산(비교분석)을 하여 승리할 수 없는 자는 승산이 적은 것이다"라고 해석한다. 그러나 그 뒤에 따라오는 문장의 내용을 살펴볼 때 필자의 해석이 더 타당하다.

《손자병법》 제8편 구변(九變)편

是故智者之慮, 必雜於利害. 雜於利而務可信也,
시 고 지 자 지 려   필 잡 어 리 해   잡 어 리 이 무 가 신 야
雜於害而患可解也.
잡 어 해 이 환 가 해 야

이런 까닭에 지혜 있는 자의 판단은, 반드시 이익과 해로움이 섞여 있다. 이익에 섞여(이익을 계산해두면) 힘쓰고자 하는 일에 확신을 가질 수 있고, 손해가 섞여(손해를 계산해두면) 근심되는 일을 해결할 수 있다.

《손자병법》 제11편 구지(九地)편

是故不知諸侯之謀者 不能預交, 不知山林險阻沮澤之形者
시 고 부 지 제 후 지 모 자   불 능 예 교   부 지 산 림 험 조 저 택 지 형 자

不能行軍.
불능행군

이런 까닭에 다른 나라 제후의 계략을 알지 못하는 자는 미리 외교관계를 맺을 수 없고, 삼림, 험한 지형, 소택지 등의 지형을 모르는 자는 행군할 수 없다.

오사칠계(五事七計)에 대한 《손자병법》의 기술

지피지기(知彼知己)의 구체적 지표로서 손자가 제시한 것이 바로 오사칠계(五事七計)이다. 《손자병법》 시계(始計)편에서는 오사칠계(五事七計)에 대해 자세히 기재하고 있고, 이후 모공(謀攻), 군형(軍形)편에서 이를 다시 강조하고 있다. 오사(五事)는 도(道), 천(天), 지(地), 장(將), 법(法)을 말한다. ① 도(道)는 상하 일치되어 죽음도 불사하는 마음을 말한다. ② 천(天)은 시간·시기와 기후를 말한다. ③ 지(地)는 지형과 장소를 말한다. ④ 장(將)은 지(智)·신(信)·인(仁)·용(勇)·엄(嚴)의 장수 자질을 말한다. ⑤ 법(法)은 군대의 규율, 제도를 말한다. 칠계(七計)는 ① 임금은 누가 도(道)가 있는가, 즉 정치를 잘하는가? ② 장수는 누가 유능한가? ③ 천지는 누가 얻었는가? ④ 법령은 누가 잘 행하고 있는가? ⑤ 부대는 누가 강한가? ⑥ 병사들의 훈련은 누가 잘 되어 있는가? ⑦ 상벌은 누가 분명한가를 가리킨다.

《손자병법》 제1편 시계(始計)편

故經之以五事, 校之以計, 而索其情. 一曰道 二曰天
고경지이오사 교지이계   이색기정   일왈도 이왈천
三曰地 四曰將 五曰法.
삼왈지 사왈장 오왈법

고로 오사로써 그것을 헤아리고(재고) 계로써 그것을 비교하여, 그 정(정세)을 찾는다. (오사의) 첫 번째 말하되 道, 두 번째 말하되 天, 세 번째 말하되 地, 네 번째 말하되 將, 다섯째 말하되 法이다.

道者, 令民與上同意也, 可與之死 可與之生, 而不畏危也.
도자 영민여상동의야   가여지사 가여지생   이불외위야

道라는 것은 백성들로 하여금 상(위정자)과 더불어 뜻을 같이 하여, 이와 더불어 죽을 수 있고 이와 더불어 살 수 있어, 그리하여 위험을 두려워하지 않게 하는 것이다.

天者, 陰陽 寒暑 時制也. 地者 遠近 險易 廣狹 死生也.
천자 음양 한서 시제야   지자 원근 험이 광협 사생야

天이란 음양, 추위와 더위, 시제(시의 적절한 시책)이다. 地란 멀고 가까움, 험하고 쉬움, 넓고 협소함, 죽는 곳인지 살 수 있는 곳인지이다.

將者 智信仁勇嚴也. 法者 曲制 官道 主用也.
장자 지신인용엄야   법자 곡제 관도 주용야

將은 지혜롭고, 신의 있고, 인덕이 있고, 용맹하며, 엄한지이다. 法은 곡제[1], 관도[2], 주용[3]을 말한다.

1) 토지제도 및 동원체제. 곡(曲)은 중국 고대 행정단위로서 상급 단위인 부(部)와 함께 부곡제(部曲制)를 이루었다. 전쟁 시에는 병력을 동원하는 단위가 되었다.
2) 행정·군사 조직의 운영제도 및 규율로서, 상벌·보상 제도가 포함된다.
3) 군주가 쓰는 돈과 물건이라는 뜻으로, 군수품의 조달 병참의 의미로 사용되었다.

凡此五者 將莫不聞, 知之者勝, 不知者不勝.
범차오자 장막불문   지지자승   불지자불승

무릇 이 다섯 가지는 장수가 듣지 않았을 리가 없을 것인데, 이를 아는 자는 승리하고, 모르는 자는 승리하지 못한다.

故校之以計 而索其情, 曰 主孰有道, 將孰有能,
고 교 지 이 계   이 색 기 정   왈   주 숙 유 도   장 숙 유 능
天地孰得, 法令孰行, 兵衆孰强, 士卒孰練, 賞罰孰明,
천 지 숙 득   법 령 숙 행   병 중 숙 강   사 졸 숙 련   상 벌 숙 명
吾以此知勝負矣.
오 이 차 지 승 부 의

고로 계로써 이를 비교하여 그 정(정세)을 찾는데, 말하기를 임금은 누가 도가 있는가, 장수는 누가 능력이 있는가, 천지는 누가 얻었는가, 법령은 실행되고 있는가, 군대는 누가 강한가, 병사들은 누가 훈련이 되어 있는가, 상벌은 누가 분명한가인데, 나는 이것으로써 승부를 알 수 있다.

將聽吾計 用之必勝 留之, 將不聽吾計 用之必敗, 去之.
장 청 오 계   용 지 필 승   유 지   장 불 청 오 계   용 지 필 패   거 지

장수가 나의 계를 듣고 그것을 사용하면 반드시 이기고 그것을(직책을) 유지할 수 있으며, 장수가 나의 계를 듣지 않고 그것을 사용하지 않으면 반드시 패배하고 그것을(직책을) 떠나게 된다.

《손자병법》 제3편 모공(謀攻)편

故知勝有五 知可以與戰 不可以與戰者勝.
고   지 승 유 오   지 가 이 여 전   불 가 이 여 전 자 승
識衆寡之用者勝. 上下同欲者勝. 以虞待不虞者勝.
식 중 과 지 용 자 승   상 하 동 욕 자 승   이 우 대 불 우 자 승
將能而君不御者勝. 此五者知勝之道也.
장 능 이 군 불 어 자 승   차 오 자 지 승 지 도 야

고로 승리를 아는 것은 다섯에 있다. 그로써 더불어 싸울 수 있는지, 그로써 더불어 싸울 수 없는지를 아는 자는 이긴다. 중과(병력이 많고, 적을 때의)의 용병을 하는 자는 승리한다. 상하가 같이 하고자 한다면 이긴다. (전쟁준비를) 갖추어 있음으로써 (전쟁준비를) 갖추지 못한 적을 기다리는 자는 이긴다. 장수가 능력이 있고, 임금이 (장수를) 제어(간섭)하지 않는 자는 이긴다. 이 다섯 가지는 승리를 아는 길이다.

《손자병법》 제4편 군형(軍形)편

善用兵者 修道而保法, 故能爲勝敗之政.
선용병자 수도이보법 고능위승패지정

용병을 잘하는 자는 도(道)를 닦고 법(法)을 보전하며, 그리하여 능히 승패의 정(政)을 한다.

《손자병법》의 위대함 중 하나는 바로 오사칠계(五事七計)를 논했다는 데 있다. 기원전에 피아 전투력 비교의 방법론으로서 오사칠계(五事七計)라는 지표를 제시하였다는 점이다. 미군과 미군의 교리를 도입한 한국군은 전쟁·전투에 앞서 전장정보분석(IPB, Intelligence Preparation of the Battlefield)을 실시하고, 그 지표로서 METT+TC를 사용한다. 이는 Mission(임무), Enemy(적), Terrain(지형 및 기상), Troops(가용병력), Time Available(가용시간), Civil Affairs(민간고려요소)를 말한다. 여기에 더하여 전쟁환경의 변화에 맞게 지표를 추가하기도 한다. 현대전에서 전장정보분석은 참모들에 의해 이루어진다. 근대 참모제도의 원형은 나폴레옹에게 패배한 프로이센군이 1800년도에 완성하였다. 현대전에서 인사·정보·작전·군수 참모 등의 참모들이 전장정보분석을 지휘관에 제공하고, 제공된 정보에 따라 지휘관이 결심한다. 기원전 시대 손자는 이미 전쟁을 기능별로 구분하고, 전장정보분석에 필요한 지침을 제시한 것이다.

도(道), 전쟁의지

도(道)는 통치자(위정자), 지휘관과 더불어 한 뜻이 되어 있느냐, 상하가 일치된 마음이 있느냐, 생사를 같이 할 마음이 있느냐를 말한다. 그럼으로써 병사들이 죽음도 두려워하지 않는 마음이 있는지 여부를 살펴보는 것이다. 즉 전쟁만을 한정하여 살펴보면 도(道)는 한마디로 정의하면 국민·병사들의 '전쟁의지, 적에 대한 적개심'이라고 볼 수 있다. 클라우제비츠가 말한 '국민정신'이다. 적을 증오하고, 열정을 가지고 전투에 참여하는 마음이다. 그럼 도(道)는 과연 어디서 나올까? 필자가 생각하기에 이러한 도(道)는 크게 세 가지로부터 비롯된다고 볼 수 있다. ① 명분, ② 이익, ③ 위정자·지휘관과 국민·병사들 간의 관계에서 나온다.

명분은 어떤 것인가? 정치적·이념적 명분이 될 수 있고, 민족적 명분일 수도 있으며, 종교적 명분일 수 있고, 또 사람 그 자체가 될 수도 있다. 명분은 다양한 형태로 발현된다. 과거 십자군 원정에서는 종교가 명분이 되었고, 2차 세계대전에서 일본군의 명분은 천황 그 자체였다. 6·25 전쟁에서 한국군이 죽음도 불사하는 전쟁·전투의지를 가질 수 있었던 것은 자유주의라는 이념에 있었다. 일제 강점기 독립군의 전쟁의지는 민족독립에서 나왔다. 이러한 명분에서 비롯된 道(전쟁의지)는 한편으로는 적의 약점이 될 수도 있다. 2차 세계대전에서 일본 병사들의 전투·전쟁 의지는 천황의 항복으로 순식간에 사라지게 되었다. 몽골군의 호라즘 정복과정에서 종교의 자유를 인정해주겠다는 몽골군의 심리전은 호라즘 병사를 포함한 백성들의 '신'을 위해 죽겠다는 마음이 사라지게 하였다. 즉 몽고와의 전쟁은 더 이상 종교전쟁이 아닌 것이 된 것이다.

위정자·지휘관과 국민·병사들 간의 관계는 두 가지 관계가 존재한다. 하나는 상호 신뢰적 관계이고, 다른 하나는 공포에 바탕을 둔 관계이다. 전자는 우리가 흔히 생각하는 관계이다. 덕을 갖춘 훌륭한 임금·지휘관과 국민·병사들 간의 강한 신뢰관계가 밑바탕이 되어, 상하 단결하여 죽음을 불사하겠다는 마음을 가지고 전쟁에 임하는 것이다. 후자에 대해서는 독자들은 받아들이기가 쉽지는 않을 것이다. 동북아 국가들의 국민들은 공자의 사상적 체계의 영향 하에 있었고, 당연히 공자는 전자를 강조해왔기 때문이다. 그러나 공포심 역시 죽음을 불사하고 전쟁의지를 갖게 하는 데 중요한 역할을 한다. 포탄과 총알이 빗발치는 전장의 공포감은 이루 말할 수 없을 것이다. 본 필자는 소대장 때 강원도 최전방 사단의 수색대대에서 근무를 한 바 있다. 당시 그 사단의 수색대대의 임무는 DMZ(Demilitarized Zone, 비무장지대)[25]에서 수색과 매복을 하는 것이었다. 당시 야간에 매복을 서는데, 갑자기 어디선가 발자국 소리가 들리기 시작했다. 북한군이 아니면 발자국 소리를 낼 수 있는 생물체는 없었기에 당시 같이 매복을 들어갔던 일부 병사들은 소

---

25 DMZ는 북한과 한국군이 공유하는 지역으로 군사분계선을 기준으로 남북 방향으로 각각 2km씩 폭이 4km인 지역을 말한다.

총을 파지한 손을 떨기 시작했다. 전장 공포심이다. 더욱이 이들은 일반 병사들도 아닌 특수임무를 수행하는 수색대대 병사들로서, 강인한 체력과 정신력을 갖추고 있었는데도 말이다. 물론 나중에 적이 아님은 밝혀졌다. 이렇듯 오인한 적의 발자국 소리 하나에도 공포를 느끼게 되는데, 하물며 포탄과 총알이 난무하는 실제 전장 상황에서는 어떻겠는가? 이러한 전장 공포심을 넘어서 지휘관(자)의 지휘에 따라 기동하고 사격하기 위해서는, 때로는 지휘관(자)의 카리스마와 지휘를 따르지 않음으로써 받게 될 처분에 대한 공포심이 전장 공포심보다 커야 되는 경우도 있다.

도(道)는 모든 전쟁에서 가장 기본이 된다. 현대전의 대부분 전략전술도 이러한 도(道)를 마비시키고 와해시키는 것을 전쟁 수행의 목표로 삼는다. 그 도(道)가 투영된 것이 손자가 말하는 '적의 사랑하는 바'이며, 필자가 말하는 '2차 중심'이다. 만약 전쟁을 수행하기에 앞서 도(道)를 고취시킬 수 없다면 어떻게 하겠는가? 당연히 전쟁은 치룰 수 없다. 작전(作戰)편에서는 병사들이 적을 죽이는 이유를 적개심으로, 그리고 이익제공을 통해 병사들의 적개심, 전쟁의지를 고취해야 한다고 하였다. 구지(九地)편에서 손자는 전쟁이 진행되는 과정을 선전포고·동원령을 내리는 시점에서부터 결전에 이르기까지의 과정을 시간 순서대로 설명하였는데, 그 과정 중에 "조당 위에서 장병들을 격려하고, 또 적의 잘못에 대해 엄중히 질책한다"는 내용이 나온다. 적의 잘못된 점을 널리 공표함으로써, 병사들의 적에 대한 적개심을 고취시키는 것이다. 클라우제비츠가 말하는 '국민정신'이며, 손자가 말하는 도(道)를 고취하기 위한 것이다.

《손자병법》 제2편 작전(作戰)편

故殺敵者怒也. 取敵之利者貨也 故車戰得車十乘以上
고 살 적 자 노 야   취 적 지 리 자 화 야   고 차 전 득 차 십 승 이 상
賞其先得者.
상 기 선 득 자

고로 적을 죽이는 것은 적개심이다. 적의 이익을 취하는 자는 보상해야 한다. 고로 전차 전투에서 10승 이상 (적의) 전차를 노획하였다면, 먼저 노획한 자에게 상을 주어야 한다.

《손자병법》 제11편 구지(九地)편

是故政擧之日, 夷關折符, 無通其使. 勵於廟堂之上,
시 고 정 거 지 일   이 관 절 부   무 통 기 사   려 어 묘 당 지 상
以誅其事. 敵人開闔 必亟入之 先其所愛 微與之期
이 주 기 사   적 인 개 합   필 극 입 지   선 기 소 애   미 여 지 기
踐墨隨敵 以決戰事.
천 묵 수 적   이 결 전 사

이런 까닭에 정거일(동원령을 내리는 날, 군사를 일으키는 날)에, 관문을 막고 부(통행증)를 폐지하며, 사신을 통행하지 못하도록 하고, 조당 위에서 장병들을 격려하고, 그 일(적의 잘못한 점)을 엄중히 질책한다. 적이 관문을 열고 닫을 때(혹은 적이 약점이나 동요가 보일 때, 적이 전쟁 여부를 망설일 때), 반드시 신속히 그곳에 들어가서 먼저 사랑하는 바를 먼저 빼앗고, 더불어 전투할 시기를 은밀히 숨겨놓았다가, 적을 따라 은밀히 기동하다가, 그로써 결전을 하게 된다.

임금, 위정자의 자질

《손자병법》 시계(始計)편에서는 칠계(七計) 중 하나로서 "어느 임금이 정치를 잘하는가"를 비교해야 한다고 하였다. 당연히 임금의 능력과 임금의 통치에 따른 현재의 그 국가의 정치상황을 비교하라는 것이다. 《손자병법》에서는 주로 전쟁 시 임금의 행동에 대해 기재하고 있다. 모공(謀攻)편에서는 승리의 다섯 가지 요소를 설명하면서 "임금이 장수를 간섭하지 않는 자가 이긴다"고 하였다. 또한 더 나아가 임금이 전쟁 시 하지 말아야 할 세 가지를 설명하고 있다. ① 군 작전에 간섭, ② 군 내부 행정에 개입, ③ 지휘체계를 무시한 지시이다. 첫 번째는 먼저 군을 속박하지 말라는 것이다. 임금이 작전에 개입하지 말라는 것이다. 공격을 해야 할 때와 하지 말아야 할 때, 그리고 방어를 해야 할 때와 하지 말아야 할 때를 구분하지 못하고 작전에 개입하는 것이다. 그렇게 되면 군을 속박하게 된다고 했다. 두 번째는 군의 내부사정도 모르면서 군사행정에 간섭하려 하는 것인데, 만약 이러한 일이 발생하면 병사들은 혼란스럽게 된다는 것이다. 세 번째는 군의 지휘명령 체계를 모르면서 이를 무시하고 군령에 개입하면 마찬가지로 군사들은 의심하게 된다는 것이다. 즉 군 내부에 불신감이 생긴다는 것이다.

《손자병법》 제3편 모공(謀攻)편

故軍之所以患於君者三.
고 군 지 소 이 환 어 군 자 삼

不知軍之不可以進而謂之進, 不知軍之不可以退而謂之退
부지군지불가이진이위지진　부지군지불가이퇴이위지퇴
是謂縻軍. 不知三軍之事 而同三軍之政, 則軍士惑矣.
시위미군　부지삼군지사 이동삼군지정　즉군사혹의
不知三軍之權 而同三軍之任, 則軍士疑矣. 三軍旣惑且疑
부지삼군지권 이동삼군지임　즉군사의의　삼군기혹차의
則諸侯之難至矣 是謂亂軍引勝.
즉제후지난지의 시위난군인승

군에 대해 임금이 근심을 끼치는 일 세 가지가 있다. ① 군이 나아갈 수 없음을 알면서도 나아가라고 하고, 군이 물러설 수 없음을 알면서도 물러서라고 하는데, 이는 군을 속박하는 일이라고 한다. ② 삼군의 (내부) 사정을 모르면서 삼군의 政(운영)을 같이(간섭) 할 때는, 즉 군사를 의심스럽게 한다. ③ 삼군의 權(지휘체계, 군령)를 모르면서 그것을 같이(간섭) 할 때에는, 군사들은 의심하게 된다. 삼군이 이미 미혹하여 의심하면, 즉 제후의 난에 이른다. 이것을 군을 어지럽혀 (적의) 승리를 이끈다고 이르는 것이다.

故知勝有五. 知可以與戰 不可以與戰者勝.
고지승유오　지가이여전 불가이여전자승
識衆寡之用者勝. 上下同欲者勝. 以虞待不虞者勝.
식중과지용자승　상하동욕자승　이우대불우자승
將能而君不御者勝. 此五者知勝之道也.
장능이군불어자승　차오자지승지도야

고로 승리를 아는 것은 다섯에 있다. 그로써 더불어 싸울 수 있는지, 그로써 더불어 싸울 수 없는지를 아는 자는 이긴다. 중과(병력이 많고, 적을 때의)의 용병을 하는 자는 승리한다. 상하가 같이 하고자 한다면 이긴다. (전쟁준비를) 갖추어 있음으로써 (전쟁준비를) 갖추지 못한 적을 기다리는 자는 이긴다. 장수가 능력이 있고, <u>임금이 (장수를) 제어(간섭)하지 않는 자는 이긴다</u>. 이 다섯 가지는 승리를 아는 길이다.

　　만약 임금·위정자가 하지 말아야 할 것을 지시한다면 지휘관은 어떻게 하는가에 대해서는 《손자병법》 지형(地形)편에서는 지휘관이 적을 공격하기 위해 진격하는 것은 공명을 바라고 하는 것도 아니고, 후퇴하면 벌을 받더라도 후퇴를 하는 것은 오로지 백성을 위한 것이고, 나아가 군주를 이롭게 하는 것이니, 임금이 싸우지 말라고 하여도 승리할 수 있다면 싸우고, 승리할 수 없다면 임금이 싸우라고 해도 싸워서는 안 된다고 말하고 있다. 또한 구변(九變)편에서는 승리를 획득하기 위한 5가지 원칙(五利)을 기술하면서 다섯 번째 원칙으로서 군주의 명령이라도 무조건 받아들여서는 안 될 것도 있다고 말하고 있다.

《손자병법》 제8편 구변(九變)편

塗有所不由, 軍有所不擊 城有所不攻, 地有所不爭,
도 유 소 불 유   군 유 소 불 격   성 유 소 불 공   지 유 소 불 쟁
君命有所不受.
군 명 유 소 불 수

길이라도 가서는 안 되는 길이 있고, 적군이라도 공격해서는 안 되는 적이 있으며, 성이라도 공격해서는 안 되는 성이 있고, 적지라도 쟁탈해서는 안 되는 곳이 있으며, 군주의 명령이라도 받아들여서는 안 되는 것이 있다.

《손자병법》 제10편 지형(地形)편

故戰道必勝, 主曰無戰 必戰可也. 戰道不勝, 主曰必戰,
고 전 도 필 승   주 왈 무 전   필 전 가 야   전 도 불 승   주 왈 필 전
無戰可也. 故進不求名, 退不避罪, 惟民是保而利於主,
무 전 가 야   고 진 불 구 명   퇴 불 피 죄   유 민 시 보 이 리 어 주
國之寶也.
국 지 보 야

그러므로 싸워 승리할 수 있다면, 임금이 싸우지 말라 하여도, 반드시 싸우는 것이 맞다. 싸워 승리할 수 없다면, 임금이 싸우라고 말해도, 싸우지 않는 것이 맞다. 고로 진격해서 공명을 떨치기 위함이 아니고, 후퇴하여 죄를 짓더라도 이를 피하는 것도 아니며, 오로지 백성을 보호하고 이로써 군주를 이롭게 함이니, (이런) 자는 나라의 보배이다.

현대에 이르러 손자의 이러한 생각을 어떻게 받아들여야 하는지 고민될 수 있다. 즉 "상급지휘관의 작전지시에 명령 불복종을 하라는 것이냐?"라는 의문을 가질 수도 있기 때문이다. 그러나 필자가 생각하기에 이러한 의문은 쉽게 해결된다. 손자가 살았던 중국의 춘추전국시대를 생각해보면 된다. 당시 제후나 왕은 전쟁이 일어나면 군에 관한 모든 권한을 장수에게 부여하였다. 즉 제후나 왕들은 장수에게 임무만 주고 모든 것을 맡기는 '임무형 지휘'를 하였던 것이다. 그런 배경에서 본다면 제후나 왕의 지시를 따르지 않는 것도 명령 불복종 범주 내에 포함되지 않았다. 현대전에서도 마찬가지이다. 군(Army)에서부터 분·소대에 이르기까지 '임무형 지휘'의 개념이 확립된다면 상급지휘관의 Command-Push에 반하여 기동하고 공격할 수 있는 것이고, 당연히 명령 불복종에 해당하지도 않는다.

지형(地形)

[교전 장소]

《손자병법》 구지(九地)편에서는 싸우는 장소에 따라 산지(散地), 경지(輕地), 쟁지(爭地), 교지(交地), 구지(衢地), 중지(重地), 비지(圮地), 위지(圍地), 사지(死地)의 9가지로 나누고, 그 아홉 가지 장소에 따른 부대 운영에 대해 논하고 있다. 그 내용은 다음과 같다. ① 산지(散地)는 아국 영토이니, 적과 교전하지 말고, 아군의 단결을 단

속해야 한다. ② 경지(輕地)는 아국 경계와 가까운 적국 영토로서 병사들이 산만해지니, 머물지 말고 각 부대 간의 연락을 긴밀히 해야 한다. ③ 쟁지(爭地)는 먼저 차지하면 유리한 곳이니, 공격하지 말고 그 후방으로 가야 한다. ④ 교지(交地)는 피아 왕래가 자유로운 곳이니, 피아 서로 공격이 용이하므로 방어에 신중해야 한다. ⑤ 구지(衢地)는 3개국에 속한 땅으로 사방이 트여 있으니, 제3국과 외교관계를 맺고 그 동맹을 견고히 해야 한다. ⑥ 중지(重地)는 적국의 영토 깊숙이 들어간 곳이니, 노략질하여 식량을 현지 조달해야 한다. ⑦ 비지(圮地)는 험준한 산과 소택지로 이루어진 기동하기 힘든 곳이니, 바로 빠져나가야 한다. ⑧ 위지(圍地)는 들어가기 좁고 돌아올 때는 우회해야 하는 곳으로 뒤는 견고하고 앞은 좁은 곳으로서 소수의 적군이 나의 다수 군대를 공격할 수 있는 곳이니, 계략을 써서 빨리 빠져나오거나 아군의 탈출구를 막아 필사적으로 병사들이 싸우게 만들어야 한다. ⑨ 사지(死地)는 전진도 후퇴도 할 수 없는 곳이니, 죽기 살기로 싸워야 한다.

《손자병법》 제11편 구지(九地)편

孫子曰 用兵之法, 有散地, 有輕地, 有爭地, 有交地,
손자왈 용병지법 유산지 유경지 유쟁지 유교지
有衢地, 有重地, 有圮地, 有圍地, 有死地.
유구지 유중지 유비지 유위지 유사지

손자가 말하기를, 용병의 방법에는 산(散)지가 있고, 경(輕)지가 있으며, 쟁(爭)지가 있고, 교(交)지가 있으며, 구(衢)지가 있고, 중(重)지가 있으며, 비(圮)지가 있고, 위(圍)지가 있으며 사(死)지가 있다.

諸侯自戰其地者 爲散地. 入人之地而不深者
제후자전기지자 위산지   입인지지이불심자
爲輕地. 我得亦利 彼得亦利者 爲爭地. 我可以往
위경지   아득역리 피득역리자 위쟁지   아가이왕
彼可以來者 爲交地. 諸侯之地三屬 先至而得天下之衆者,
피가이래자 위교지   제후지지삼속 선지이득천하지중자
爲衢地. 入人之地深 背城邑多者, 爲重地. 山林 險阻
위구지   입인지지심 배성읍다자   위중지   산림 험조
沮澤 凡難行之道者 爲圮地. 所由入者隘 所從歸者迂
저택 범난행지도자 위비지   소유입자애 소종귀자우
彼寡可以擊吾之衆者 爲圍地. 疾戰則存 不疾戰則亡者
피과가이격오지중자 위위지   질전즉존 부질전즉망자
爲死地.
위사지

제후 스스로 그의 땅(자국의 영토)에서 싸우는 곳을 산지라 한다. 남의 땅(적의 영토)에 들어갔으나 깊지 아니한 곳(깊이 들어가지 않은 것)을 경지라 한다. 내가 얻으면 유리하고 적이 얻어도 유리한 곳을 쟁지라 한다. 내가 나아갈 수 있고 적도 올 수 있는 곳(도로가 발달되어 피아 공히 왕래가 자유로운 곳)을 교지라 한다. 제후의 땅이 3개국에 속해서 먼저 이르면 천하의 무리(백성)를 얻을 수 있는 곳을 구지라 한다. 남(적국)의 땅에 깊이 들어가 성읍을 등진 것이 많은 곳(많은 성읍들이 다 아군의 등 뒤에 있게 된 곳)을 중지라 한다. 산림이고 험준한 지형이고 소택지처럼 무릇 가기 어려운 곳을 비지라고 한다. 들어가기 좁고 돌아올 때는 우회해야 하며 소수의 적군이 나의 다수 군대를 공격할 수 있는 곳을 위지라 한다. 빨리 전투하면 살지만, 신속히 전투하지 못하면 곧 죽는 곳을 사지라고 한다.

是故散地則無戰, 輕地則無止, 爭地則無攻, 交地則無絶,
시고산지즉무전   경지즉무지   쟁지즉무공   교지즉무절
衢地則合交, 重地則掠, 圮地則行, 圍地則謀, 死地則戰.
구지즉합교   중지즉략   비지즉행   위지즉모   사지즉전

이런고로 산지에서는 싸우지 말고, 경지에서는 머물지 말며, 쟁지에서는 공격하지 말고, 교지에서는 (부대 간 연락을) 끊지 말며, 구지에서는 (제3국과의) 외교 관계를 맺고, 중지에서는 (현지에서 노략질해서) 조달하며, 비지에서는 바로 통과하고, 위지에서는 계략을 쓰며(계략을 써서 빠져나오고), 사지에서는 (사력을 다해) 싸워라.

凡爲客之道, 深則專 賤則散. 去國越境而師者 絶地也.
범위객지도 심즉전 천즉산 거국월경이사자 절지야

四達者 衢地也, 入深者 重地也. 入淺者 輕地也.
사달자 구지야 입심자 중지야 입천자 경지야

背固前隘者 圍地也, 無所往者 死地也.
배고전애자 위지야 무소왕자 사지야

무릇 (적의 땅에 침입해 아군이 적의 입장에서) 객이 되는 부대의 작전방법은, 깊이 들어가면 (병사들이) 오로지 전념하지만, 얕게 들어가면 (병사들이) 산만해진다. 나라를 떠나 국경을 넘어서 사(작전)하는 곳은 (본국과 단절되어 있으므로) 절지라 한다. 사방이 트여 있는 곳을 구지라고 한다. (적국으로) 깊이 들어간 곳을 중지라 한다. (적국으로) 조금 들어간 곳은 경지다. 뒤는 견고하고 앞은 좁은 곳은 위지다. 갈 곳이 없는 곳은 사지다.

是故散地吾將一其志. 輕地吾將使之屬. 爭地吾將趨其後.
시고산지오장일기지   경지오장사지속   쟁지오장추기후

交地吾將謹其守. 衢地吾將固其結. 重地吾將繼其食.
교지오장근기수   구지오장고기결   중지오장계기식

圮地吾將進其途. 圍地吾將塞其闕. 死地吾將示之以不活.
비지오장진기도   위지오장한기궐   사지오장시지이불활

이런고로 산지에서는 (아국의 영토에서 싸우기 때문에) 나는 장차 그 뜻을 하나로 할 것이다(병사들의 마음을 하나로 단결시켜야 하고). 경지에서는 (국경선 근처에서 싸우기 때문에 각 부대 간의 연락을 긴밀히 하여) 결속할 것이다.

쟁지에서는 (서로가 먼저 점령하면 유리하기 때문에) 나는 그 후방으로 달려갈 것이다. 교지에서는 (서로가 공격하기 용이한 평지이기 때문에) 그 수비에 신중할 것이다. 구지에서는 결속(제3국과의 동맹)을 견고히 할 것이다. 중지에서는 (적국 깊숙이 들어 싸우므로) 식량을 계속 확보할 것이다. 비지에서는 (숲과 습지대, 소택지 등으로 기동이 곤란하므로 되도록) 그 길을 (빠져) 나가려 할 것이다. 위지에서는 (입구가 좁고 출구는 우회해야 하므로) 탈출구를 막을 것이다(탈출구를 막아 필사로 싸울 것이다). 사지에서는 (죽음의 땅이므로) 오로지 살지 않을 각오로 보이려 할 것이다(죽을 각오로 싸울 것이다).

[교전 지형]

지형(地形)편에서는 지형을 통형(通形), 괘형(掛形), 지형(支形),

애형(隘形), 험형(險形), 원형(遠形)으로 나누고 각 지형별로 부대 운영에 대해 논하고 있다. 그 내용에 대해서는 다음과 같다. ① 통형(通形)은 적과 아군이 모두 점령할 수 있는 지형으로 먼저 적의 위치를 관측할 수 있는 양지바른 곳을 점령하여 병참선을 확보한 후에 싸우면 유리하다. ② 괘형(掛形)은 들어오기는 편한데 나가기는 어려운 곳으로 아군이 대비하고 있으면 승리할 수 있고, 만약에 적이 대비하면 매우 불리한 지형이다. ③ 지형(支形)은 적과 아군에게 모두 싸우기에 불리한 지형이므로, 적이 아군을 유인할 때는 나아가지 말고, 반대로 아군이 적을 유인해서 적이 반쯤 들어왔을 때 공격하면 유리하다. 반쯤 진입했을 때 공격하면 유리하다는 것은 아마도 진입한 적과 아직 진입하지 않은 적으로 나누어져 있을 때 공격을 하면, 적을 각개 격파할 수 있기 때문일 것이다. ④ 애형(隘形)은 양쪽이 높은 지형으로 이루어진 골짜기로서 기동로의 양쪽 높은 곳을 아군이 먼저 차지하고 있으면 유리하지만, 만약 적이 차지하고 있으면 그 길로 가지 말아야 한다. ⑤ 험형(險形)에서는 아군이 높고 양호한 곳을 먼저 차지하여 적을 기다려야 한다. 적이 먼저 차지하고 있으면 적을 유인하면서 후퇴해야 한다. ⑥ 원형(遠形)은 적과 아군이 멀리 이격되어 있어, 누가 불리하지도 유리하지도 않은 곳이므로 먼저 공격하지 말아야 한다.

《손자병법》 제10편 지형(地形)편

孫子曰, 地形 有通者, 有掛者, 有支者, 有隘者, 有險者,
손자왈   지형 유통자   유괘자   유지자   유애자   유험자

有遠者.
유 원 자

손자가 말하기를, 지형에는 통형, 괘형, 지형, 애형, 험형, 원형이 있다.

我可以往 彼可以來, 曰通. 通形者 先居高陽, 利糧道以戰
아 가 이 왕 피 가 이 래   왈 통   통 형 자 선 거 고 양   이 량 도 이 전
則利.
즉 리

내가 갈 수 있고, 적도 올 수 있는 곳을 통형이라 한다. 통형은 먼저 높고 양지 쪽을 점거하고, 군량보급로(병참선)를 이롭게 해서(유리하게 확보한 후), 싸우면 유리하다.

可以往 難以返 曰掛. 掛形者 敵無備, 出而勝之. 敵若有備
가 이 왕 난 이 반 왈 패   괘 형 자 적 무 비   출 이 승 지   적 약 유 비
出而不勝, 難以返 不利.
출 이 불 승   난 이 반 불 리

갈 수 있고 돌아오기 힘든 곳을 괘형이라 한다. 괘형은 적이 대비를 하고 있지 않으면 나아가 싸워 승리할 수 있다. 적이 만약 대비를 하고 있으면 나아가 싸워 승리할 수 없고, 돌아오기 어려워 불리하다.

我出而不利, 彼出而不利 曰支. 支形者 敵雖利我
아 출 이 불 리   피 출 이 불 리 왈 지   지 형 자 적 수 리 아
我無出也. 引而去之, 令敵半出而擊之, 利.
아 무 출 야   인 이 거 지   령 적 반 출 이 격 지   리

아군이 나아가 싸워도 불리하고, 적이 나아가 싸워도 불리한 곳을 지형이라 한다. 지형은 적이 비록 아군을 이롭게 해도(이익으로 유인해도) 나아가 싸우지 말아야 한다. (적을) 유인하면서 (동시에) 내가 그곳에서 떠나면(후퇴하면), (적은 이에 현혹되어 나오게 되고) 적이 반쯤 진출했을 때 (아군이) 공격을 하면 유리하다.

隘形者 我先居之, 必盈之以待敵 若敵先居之 盈而勿從,
애 형 자 아 선 거 지   필 영 지 이 대 적   약 적 선 거 지   영 이 물 종

不盈而從之.
불 영 이 종 지

애형에서는 내가 먼저 그곳을 점거하면, 반드시 盈(애형을 형성하는 양쪽 지형에 병력을 배치하여 대비를 충실히 하는 것)하여 이로써 적을 기다려야 한다. 만약 적이 먼저 그곳을 점거하여 盈하면 그 길을 이용하지 말고, 盈하지 못하면 그 지형을 기동하면 된다.

險形者 我先居之, 必居高陽以待敵. 若敵先居之,
험 형 자 아 선 거 지   필 거 고 양 이 대 적   약 적 선 거 지
引而去之 勿從也.
인 이 거 지 물 종 야

험형은 내가 먼저 그곳을 점거하면, 반드시 높고 양지바른 곳을 점거하여 이로써 적을 기다려야 한다. 만약 적이 먼저 그곳을 점거하면, (적을) 유인하면서 (동시에) 그곳에서 떠나고(후퇴하고), 그 지형을 따라 기동하지 말아야 한다.

遠形者 勢均 難以挑戰 戰而不利.
원 형 자 세 균 난 이 도 전 전 이 불 리

원형은 (피아 군대의 위치가 멀리 떨어져 있어) 그 세가 균형을 이루고 있어, 도전하기 어렵고, 싸워도 불리하다.

凡此六者 地之道也, 將之至任 不可不察也.
범 차 육 자 지 지 도 야   장 지 지 임 불 가 불 찰 야

무릇 이 여섯 가지 형태는 지리(地利)의 원칙이니 장수가 임무에 이르러서는 잘 살펴야 한다.

夫地形者 兵之助也. 料敵制勝, 計險厄遠近, 上將之道也.
부 지 형 자 병 지 조 야   료 적 제 승   계 험 액 원 근   상 장 지 도 야
知此而用戰者必勝, 不知此而用戰者必敗.
지 차 이 용 전 자 필 승   부 지 차 이 용 전 자 필 패

대저 지형이란 용병을 도와주는 곳이다. 적을 헤아려 승리의 방도를 알아내고, 험하고 좁고 멀고 가까운 것을 계산하는 것은, 상장(훌륭한 장수)의 원칙이다. 이것을 알고 전쟁을 하는 자는 반드시 승리하고, 이것을 모르고 전쟁을 하는 자는 반드시 패한다.

행군(行軍)편에서는 지형의 종류로 절간(絶澗), 천정(天井), 천뢰(天牢), 천라(天羅), 천함(天陷), 천극(天隙)의 여섯 가지 지형을 말하고 있는데, 이는 지형(地形)편에서 말하는 지형(支形)과도 유사하다. 여섯 가지 지형은 피아 모두 진입하면 불리한 지형이기 때문이다. 따라서 적으로 하여금 이 지형으로 진입하게끔 유인하여 공격하는데, 공격할 때는 적이 이 지형을 등지고 있어야 한다는 것이다.

《손자병법》 제9편 행군(行軍)편

凡地有 絶澗 天井 天牢 天羅 天陷 天隙, 必極去之 勿近也.
범지유 절간 천정 천뢰 천라 천함 천극 필극거지 물근야
吾遠之, 敵近之, 吾迎之, 敵背之.
오원지 적근지 오영지 적배지

무릇 땅에는 절간[1], 천정[2], 천뢰[3], 천라[4], 천함[5], 천극[6]이 있는데, 반드시 신속히 지나가고 가까이해서는 안 된다. 나는 이것을 멀리하고, (적을 유인해서) 적이 이것에 가까이하게끔 하며, 나는 이것을 앞에 두고, 적이 이것을 등지게 해야 한다.

1) 높은 절벽 사이 골짜기
2) 사방이 높고 가운데가 낮아 물이 괴는 분지
3) 험준한 산으로 둘러싸이고 좁은 길이 있는 감옥 같은 곳
4) 초목이 무성하여 움직일 수 없는 곳
5) 함정 같은 소택지
6) 천연의 틈과 같이 길고 좁으며 울퉁불퉁한 곳

장수(將)

시계(始計)편에서 장수의 자질로 '智信仁勇嚴'을 들었다. 이 외

장수에 대한 《손자병법》의 기술은 아래와 같다. 모공(謀攻)편에서는 장수는 나라의 보좌역으로서 장수의 보좌가 두루 미쳐야만 나라가 강해진다고 하였다. 구지(九地)편에서는 장수의 역할에 대해 말하고 있는데, 궁극적으로 '결국 자신의 부대를 전쟁터라는 목숨을 버려야 하는 곳에 투입하는 것'임을 말하고 있다. 진실로 간단하고 명확한 정의이다. 어떤 수식을 더 붙이겠는가?

《손자병법》 제3편 모공(謀攻)편

夫將者 國之輔也 輔周 則國必强 輔隙則國必弱.
부 장 자 국 지 보 야 보 주 즉 국 필 강 보 극 즉 국 필 약

대저 장수는 나라의 보좌하는 자이다. 보좌가 두루 미치면(긴밀하면), 즉 나라는 반드시 강해지고, 보좌가 틈이 있으면 나라는 반드시 약해진다.

《손자병법》 제11편 구지(九地)편

故善用兵者 携手若使一人 不得已也. 將軍之事 靜以幽
고 선 용 병 자 휴 수 약 사 일 인 불 득 이 야   장 군 지 사 정 이 유
正以治.
정 이 치

그러므로 용병을 잘하는 자는 (병사들의) 손을 잡고 한 사람을 부리는 것과 같은데, 부득이하기 때문이다(그렇게밖에는 할 수 없도록 만들어 놓았기 때문이다). 장군의 일은 고요하여 그로써 그윽하고, 엄정하여 그로써 다스린다.

聚三軍之衆 投之於險, 此謂將軍之事也. 九地之變,
취 삼 군 지 중 투 지 어 험   차 위 장 군 지 사 야   구 지 지 변
屈伸之利, 人情之理, 不可不察也.
굴 신 지 리   인 정 지 리   불 가 불 찰 야

삼군의 부대를 집결하여 험지에 투입하는 것, 이것이 장수의 일이다. (따라서) 아홉 가지 지형의 변화, 굽히고 나아감의 이익, 인간 심리의 이치를 반드시 고려해야 한다.

손자는 장수의 다섯 가지 위태로움에 관하여도 논하였다. ① 지모를 써야 할 때 지나치게 용기만 내세워 필사적으로 싸우는 자는 죽는다. ② 죽기를 각오하고 싸워야 함에도 기어코 살고자 하는 자는 사로잡힌다. ③ 차분히 정세 판단을 하고 행동해야 함에도 분을 이기지 못하고 급하게 행동하면 수모를 당한다. ④ 지나치게 성품이 깨끗한 자는 적을 속일 줄 모르므로 치욕을 당하게 된다. ⑤ 병사를 지나치게 사랑하면 번민이 많아져 병사들을 제대로 지휘할 수 없다는 것이다.

《손자병법》 제8편 구변(九變)편

故將有五危. 必死可殺, 必生可虜, 忿速可侮, 廉潔可辱,
고 장 유 오 위　필 사 가 살　필 생 가 로　분 속 가 모　염 결 가 욕

愛民可煩. 凡此五危, 將之過也 用兵之災也. 覆軍殺將
애 민 가 번　범 차 오 위　장 지 과 야 용 병 지 재 야　복 군 살 장

必以五危, 不可不察也.
필 이 오 위　불 가 불 찰 야

고로 장수에게는 다섯 가지 위태로움이 있다. 반드시 죽고자 하면 죽임을 당하고, 반드시 살고자 하면 포로가 되며, 분을 못 참고 급하게 하면 수모를 당하고, 청렴하고 결백하면 욕되게 되며, 병사를 사랑하면 번민하게 된다. 무릇 이 다섯 가지 위태로움은 장수의 과실이며 용병의 재앙이다. 군이 전복되고 장수가 죽는 것은 반드시 이 다섯 가지 위태로움에 의해서이므로, 신중히 살펴야 한다.

법(法), 신상필벌

적과 나를 비교하는 지표로서 시계(始計)편에서 오사(五事)의 하

나로 법(法)을 제시하였다. 법(法)은 곡제(曲制), 관도(官道), 주용(主用)이라고 설명하였다. 칠계(七計)에서는 아군과 적군 중 신상필벌은 누가 분명한가를 비교해야 한다고 하였다. 《손자병법》 행군(行軍)편에서는 평시에 법령의 이행이 잘 되었다면 병사들과 뜻이 맞기에 전시에도 복종하지만, 법령의 이행이 잘 되지 않았다면 병사들은 전시에 불복한다고 하였다. 또한 《손자병법》 구지(九地)편에서 평시와 다른 전시의 법(法)과 상벌에 대해 기재하고 있다. 평시와는 다른 상을 주어야 하고, 또 평시에는 규정되어 있지 않는 파격적인 군대 내 규율을 발표하면 전군을 한 사람인 것처럼 지휘할 수 있다고 하면서 전시에는 평시와 다른 상벌규정을 적용해야 한다고 하고 있다.

《손자병법》 제9편 행군(行軍)편

令素行 以敎其民 則民服, 令不素行 以敎其民 則民不服.
영소행 이교기민 즉민복 영불소행 이교기민 즉민불복
令素行者 與衆相得也.
영소행자 여중상득야

법령이 본디 잘 이행되고 이로써 병사[1]를 교육하면 병사는 복종하는데, 법령이 본디 잘 이행되지 않으면서 병사를 교육하려 하면 병사는 복종하지 않는다. 영이 본디 잘 이행되면 장병들과 서로 득이 된다.

1) 民 : 중국 춘추시대 병사들도 民으로 불렀다.

《손자병법》 제11편 구지(九地)편

施無法之賞, 懸無政之令, 凡三軍之衆若使一人. 犯之以事
시무법지상 현무정지령 범삼군지중약사일인 범지이사

勿告以言, 犯之以利 勿告以害.
물고이언 범지이리 물고이해

(평시의) 법에 없는 상을 베풀고, (평시의) 규정에 없는 령을 내걸면(내리면), 무릇 삼군의 많은 부대는 마치 한 사람처럼 움직인다. 실행(행동)으로써 움직이게 하고 말로써 명령하지 말며(말보다는 실천으로 하라), 이익으로써 행동하게 하고 해로써 말하지 말라(이익되는 것을 말해 움직이게 하고 해가 되는 것은 말하지 말라).

부대, 병사(장병)

손자는 칠계(七計)에서 부대는 어느 편이 강한지, 병사는 어느 편이 훈련이 잘 되어 있는지 비교하라고 하였다. 부대의 강약 여부는 병력의 규모와 장병(將兵)의 훈련 정도를 가지고 판단할 수 있다. 먼저 손자는 전쟁을 하기 위해서 필요한 병력에 대해 다음과 같이 설명하고 있다. 《손자병법》 작전(作戰)편에서는 전쟁을 하려면 최소한 전차 1,000대, 치중차 1,000대, 무장병사 10만 명이 필요하다고 하였다.

《손자병법》 제2편 작전(作戰)편

孫子曰, 凡用兵之法 馳車千駟, 革車千乘, 帶甲十萬,
손자왈 범용병지법 치차천사 혁차천승 대갑십만

千里饋糧, 則內外之費, 賓客之用, 膠漆之材, 車甲之奉,
천리궤량 즉내외지비 빈객지용 교칠지재 차갑지봉

日費千金. 然後十萬之師擧矣.
일비천금 연후십만지사거의

손자가 말하기를, 무릇 용병의 법은(전쟁을 하려면) (그 규모가) 전차 1,000대,

치중차 1,000대, 갑옷 입은 병사 10만 명이 있어야 한다. 천리에 식량을 보내려면, 곧 국내외 사용하는 경비, 빈객(외교사절) 접대 비용, 교칠의 재(정비·수리용 자재), 수레와 병기의 보충에 하루 천금이 소비된다. 그런 후에야 십만의 병사를 일으킬 수 있다.

적이 이러한 병력과 장비들을 갖출 수 있는지를 판단해야 하는데, 《손자병법》 군형(軍形)편에서 병력의 규모는 다음과 같은 방법으로 계산할 수 있다고 설명하고 있다. 먼저 적국의 국토 넓이를 계산하고(度), 그 계산을 통하면 마을과 인구 수 등 동원 역량을 가늠할 수 있으며(量), 동원 역량을 계산하면 동원 가능한 병력의 수와 동원할 수 있는 전쟁물자를 계산할 수 있게 된다(數). 동원 가능한 병력 수와 물자를 계산한 후 이를 비교하면(稱), 승리 여부를 결정할 수 있다고 하였다(勝).

《손자병법》 제4편 군형(軍形)편

兵法, 一曰度, 二曰量, 三曰數, 四曰稱, 五曰勝, 地生度,
병법 일왈도 이왈량 삼왈수 사왈칭 오왈승 지생도
度生量, 量生數, 數生稱, 稱生勝.
도생량 량생수 수생칭 칭생승

병법에 이르기를, 첫째 도, 둘째 양, 셋째 수, 넷째 칭, 다섯째 승이다. 지는 도를 낳고, 도는 양을 낳고, 양은 수를 낳고, 수는 칭을 낳고, 칭은 승을 낳는다.

장병의 훈련 정도 등 능력과 관련하여서 《손자병법》 제10편 지형(地形)편에서는 병사의 종류를 주병, 이병, 함병, 붕병, 란병, 배병 6가지로 나누어 설명하고 있다. ① 적군과 아군의 세력이 균형을 이루는 상태에서, 아군 한 명의 병사로 적 열 명의 병사를 공격하라고 하면 싸우기도 전에 달아나게 되는데, 이를 주병(走兵)이라 하였다. ② 병사는 강한데 장교가 약한 경우에 군 기강이 해이해지는데, 이를 이병(弛兵)이라고 하였다. ③ 장교는 강한데 병사가 약한 경우에 그 강한 지휘를 병사들이 감당하지 못하는데, 병사들이 마치 수렁 속에 빠지는 것과 같다고 하여, 이를 함병(陷兵)이라고 하였다. ④ 고급장교가 성을 내면서 상급지휘관에게 복종하지 않고, 적을 만나면 적의 도발에 참지 못하고 적을 원망하여 스스로 나아가 싸우며, 장수가 그 실정을 모른다면 군은 붕괴되니, 이를 붕병(崩兵)이라고 하였다. ⑤ 장수는 약하고 엄하지도 않으며, 그 가르치고 지도함이 불분명하고, 장병 간에 질서가 없고, 전투배치가 종횡으로 혼란한 것을 난병(亂兵)이라 하였다. ⑥ 장수가 적을 제대로 파악하지 못하고, 적은 병력으로 많은 적과 맞붙어 싸우게 하고, 약한 아군으로 강한 적을 공격하고, 군대 내에서 선발된 정예부대가 없는 군대는 패배하니, 이를 배병(北兵)이라 하였다.

《손자병법》 제10편 지형(地形)편

故兵有走者, 有弛者 有陷者 有崩者 有亂者 有北者
고 병 유 주 자　유 이 자　유 함 자　유 붕 자　유 난 자　유 배 자

凡此六者, 非天地之災, 將之過也.
범 차 육 자　비 천 지 지 재　장 지 과 야

고로 병에는 주자가 있고, 이자가 있으며, 함자가 있고, 붕자가 있으며, 난자가 있고, 배자가 있다. 무릇 여섯 가지 천지의 재앙이 아니라 장수의 허물이다.

夫勢均, 以一擊十 曰走. 卒强吏弱 曰弛.
부 세 균　이 일 격 십 왈 주　졸 강 리 약 왈 이

吏强卒弱 曰陷. 大吏怒而不服 遇敵懟而自戰 將不知其能
리강졸약 왈함　대리노이불복　우적대이자전　장부지기능

曰崩. 將弱不嚴, 敎道不明, 吏卒無常, 陳兵縱橫, 曰亂.
왈붕　장약불엄　교도불명　리졸무상　진병종횡　왈난

將不能料敵, 以少合衆, 以弱擊强, 兵無選鋒 曰北.
장불능료적　이소합중　이약격강　병무선봉　왈배

무릇 세가 균형을 이루고 있는데, 하나로써 십을 치면 주(走兵)라고 한다. 병사들은 강한데, 리(장교)가 약하면 이(弛兵)라 한다. 리(장교)는 강한데 병사가 약하면 함(陷兵)이라 한다. 대리(고급장교)가 노하여 (장수에게) 불복하면서 적을 만났을 때 원망하면서 스스로 싸우고, 장수가 그 능력을 모르는 것을 붕(崩兵)이라 한다. 장수가 약한데 엄하지 않고, 지휘가 불분명하며, 장교들과 병사들이 상이라 없고, 진병이 종횡하여 혼란한 것을 두고 란(亂兵)이라 한다. 장수가 적을 헤아리지 못해 소로써 중을 합하고, 약함으로써 강함을 치며 군사에 선봉이 없는 것을 배(北兵)이라 한다.

凡此六者, 敗之道也. 將之至任, 不可不察也.
범차육자　패지도야　장지지임　불가불찰야

무릇 이 여섯 가지는, 패하는 길이고, 장수가 임무에 이르렀을 때 신중히 살피지 않으면 안 된다.

Chapter 06
정보 획득과 보안

손자에게 물었다.
"五事七計로 적과 나를 비교하기 전에
선행해야 할 것은 무엇입니까?"

손자가 대답했다.
"적에 대한 정보를 획득해야 하고,
아군의 정보를 적에게 노출해서는 안 된다."

정보의 획득 수단

《손자병법》에서 정보획득 방법을 크게 전쟁 결심 전후단계, 전쟁 결심 후 기동단계, 적과 교전 직전단계로 나누어 설명하고 있다. 용간(用間)편에서는 전쟁 수행 전후단계에서 정보획득의 방법으로 간첩의 활용을 강조하였다. 간첩을 다섯 가지 형태, 즉 향간(鄕間), 내간(內間), 반간(反間), 사간(死間), 생간(生間)으로 나누고 그 활용법에 대해 설명하였다. ① 향간(鄕間)은 적국의 백성, ② 내간(內間)은 적국의 관리, ③ 반간(反間)은 적국의 간첩, ④ 사간(死間)은 죽음을 무릅쓴 허위정보 제공, ⑤ 생간(生間)은 아국의 간첩이 적국에 상주하면서 정보를 획득하는 것을 말한다. 이 중에서도 가장 먼저 해야 할 것은 반간이라고 하면서 반간을 얻어야만 적의 내부사정을 알 수 있고, 이를 통해서만 향간, 내간, 사간을 이용할 수 있고, 또한 생간을 제대로 부릴 수 있기 때문이라고 하였다.

《손자병법》 제13편 용간(用間)편

相守數年, 以爭一日之勝. 而愛爵祿百金, 不知敵之情者,
상 수 수 년 이 쟁 일 일 지 승   이 애 작 록 백 금 부 지 적 지 정 자
不仁之至也. 非人之將也 非主之佐也 非勝之主也.
불 인 지 지 야 비 인 지 장 야 비 주 지 좌 야 비 승 지 주 야

서로 지키기를(서로 대치하기를) 수년 동안 하면서, 결국 단 하루의 승리를 다투게 된다. 그러나 (전쟁으로 투자되는 비용과 손해가 엄청남에도) 작록으로 주는 백금을 아끼면서, (첩보활동을 통해) 적의 상황을 알지 못하면, 어질지 못함이 지극하다(어리석기 짝이 없는 일이다). (이런 자는) 사람들의 장수가 될 수 없고, 임금을 보좌하는 역할도 할 수 없으며, 승리를 차지할 주인공도 되지 못한다.

故明君賢將 所以動而勝人, 成功出於衆者 先知也.
고 명 군 현 장 소 이 동 이 승 인   성 공 출 어 중 자 선 지 야
先知者 不可取於鬼神, 不可象於事, 不可驗於度.
선 지 자 불 가 취 어 귀 신 불 가 상 어 사 불 가 험 어 도
必取於人 知敵之情者也.
필 취 어 인 지 적 지 정 자 야

고로 총명한 군주와 현명한 장수는 움직이면 적을 이기니, 출중하게 공을 세우는 자는 (적정을) 먼저 알기 때문이다. (적정을) 먼저 아는 자는 귀신으로부터 취할 수 없고(귀신에게 물어 알 수 없고, 점을 쳐서 알 수 있는 것이 아니고), 사례를 통해 알 수 있는 것도 아니며, 계산(또는 일정한 법칙)을 통해 파악하는 것도 아니다. 반드시 사람을 통해 적정을 알 수 있는 것이다.

故用間有五, 有鄕間 有內間 有反間 有死間 有生間.
고 용 간 유 오 유 향 간 유 내 간 유 반 간 유 사 간 유 생 간
五間俱起 莫知其道 是謂神紀 人君之寶也.
오 간 구 기 막 지 기 도 시 위 신 기 인 군 지 보 야

고로 간첩을 쓰는 데에는 다섯 가지가 있으니 ① 향간, ② 내간, ③ 반간, ④ 사간, ⑤ 생간이다. 다섯 가지 간첩이 함께 일어나는데(활동하는데), (적이) 그 방법을 알지 못하니, 이것을 신기하다고 하는 것이며, 군주의 보배라 하는 것이다.

鄕間者 因其鄕人而用之. 內間者 因其官人而用之.
향 간 자 인 기 향 인 이 용 지   내 간 자 인 기 관 인 이 용 지

反間者 因其敵間而用之. 死間者 爲誑事於外 令吾間
반간자 인기적간이용지　사간자 위광사어외 영오간
知之, 而傳於敵也. 生間者 反報也.
지지　이전어적야　생간자 반보야

향간은 (적) 지역의 사람을 이용한다. 내간은 (적의) 관리를 이용한다. 반간은 (적의) 간첩을 이용한다. 사간[1]은 대외적으로 속여 나의 간첩으로 하여금 그것(허위정보)을 알려, 적에게 전하는 것이다. 생간은 돌아가 보고하는 것이다(적국의 정보를 탐지하여 살아보고 돌아와 보고하는 것).

1) 사간(死間)은 적에게 허위정보를 알리는 것이니, 결국 허위정보임이 밝혀지면 적군에 의해 죽임을 당하므로 사간이라 한다.

故三軍之事 莫親於間. 賞莫厚於間, 事莫密於間.
고삼군지사 막친어간　상막후어간　사막밀어간
非聖智不能用間 非人義不能使間, 非微妙不能得間之實.
비성지불능용간 비인의불능사간　비미묘불능득간지실

고로 삼군의 일(다스리는 것)은 간첩보다 친한 것이 없다. 상은 간첩보다 후한 것이 없고(간첩에게 가장 후한 상을 준다), 간첩보다 은밀한 일이 없다. 성인의 지혜가 없으면 간첩을 쓰지 않고, 인의가 없으면 간첩을 쓰지 못하며, 미묘하지 못하면(미묘한 데까지 살피지 못하면) 간첩이 제공하는 실(정보의 이익)을 얻을 수 없다.

微哉微哉 無所不用間也. 間事未發而先聞者,
미재미재 무소불용간야　간사미발이선문자
聞與所告者皆死.
문여소고자개사

미묘하고 미묘하다. 간첩을 쓰지 않는 바 없다(모든 곳에서 간첩이 사용된다). 간첩의 정보가 아직 발하지(보고되지) 않았는데 먼저 (밖에서) 들린다면, (비밀 유지를 위해) 간첩과 보고한 자 모두 죽여야 한다.

凡軍之所欲擊, 城之所欲攻, 人之所欲殺, 必先知其守將
범군지소욕격　성지소욕공　인지소욕살　필선지기수장
左右, 謁者, 門者, 舍人之姓名. 令吾間必索知之.
좌우　알자　문자　사인지성명　영오간필색지지

무릇 군을 치려는 바(적군을 공격하고자 하는 바), 성의 공격하는 바(적의 성을 공격하려는 바), 적의 죽이고자 하는 바(적군을 죽이고자 하는 바)이면, 반드시 먼저 그 지키는 장수, 좌우(참모), 알자(부관), 문자(경호요원), 수행요원의 성명을 알아야 한다. 나의 간첩을 통해 반드시 그것을 찾아내는 수밖에 없다.

必索敵間之來間我者 因而利之 導而舍之
필 색 적 간 지 래 간 아 자   인 이 리 지   도 이 사 지

故反間可得而用也. 因是而知之, 故鄕間內間可得而使也.
고 반 간 가 득 이 용 야   인 시 이 지 지   고 향 간 내 간 가 득 이 사 야

적의 간첩이 (아국으로) 와서 아국의 정보를 탐지하는 자는 반드시 찾아내어, 이익으로써 적을 이끌어 대접하면(이익으로 적을 매수하면), 반간을 얻어 이용할 수 있다. 이로(반간으로) 인하여 그것(적의 상황)을 알 수 있으므로, 향간과 내간 또한 얻어서 부릴 수 있는 것이다(활용할 수 있는 것이다)[2].

2) 반간을 얻어 적의 주민과 관리들의 인적사항 등의 적 사정을 알 수 있게 되므로, 이를 이용하여 적국에 거주하는 주민을 간첩으로 쓸 수 있고, 또 적의 관리를 간첩으로 활용할 수 있게 되는 것이다.

因是而知之, 故死間爲誑事 可使告敵. 因是而知之
인 시 이 지 지   고 사 간 위 광 사   가 사 고 적   인 시 이 지 지

故生間可使如期 五間之事 主必知之 知之必在於反間
고 생 간 가 사 여 기   오 간 지 사   주 필 지 지   지 지 필 재 어 반 간

故反間不可不厚也.
고 반 간 불 가 불 후 야

(반간으로) 인하여 그것(적의 상황)을 알 수 있으므로, 사간이 허위정보를 적에게 보고할 수 있게 되는 것이다. 반간으로 인하여 그것(적의 상황)을 알 수 있으므로, 생간을 기한과 같이 부릴 수가 있다(생간으로 하여금 지정된 기일 내에 돌아와 보고하게끔 할 수 있다). 이 다섯 가지 간첩에 대한 일은 군주가 필히 알아야 하고, 그것(적의 상황)을 하는 것은 반드시 반간에게 (달려) 있으니, 그러므로 반간은 후하게 대우하지 않으면 안 된다

昔殷之興也, 伊摯在夏, 周之興也, 呂牙在殷. 故惟明君賢將
석 은 지 흥 야   이 지 재 하   주 지 흥 야   여 아 재 은   고 유 명 군 현 장

能以上智爲間者 必成大功. 此兵之要 三軍之所恃而動也.
능 이 상 지 위 간 자　필 성 대 공　　차 병 지 요　삼 군 지 소 시 이 동 야

옛날에, 은나라가 흥하게 될 때 반간으로서 이지가 하나라에 있었고, 주나라가 흥하게 될 때 여아가 은나라에 있었다. 그러므로 오직 명군, 현장만이 능히 뛰어난 지혜를 가진 자를 간첩으로 삼아 반드시 큰 공을 이룰 수 있다. 이것이 용병의 요체이고, 삼군의 믿고 움직이는 바이다(전군이 그 첩보를 믿고 행동하는 것이다).

군쟁(軍爭)편과 구지(九地)편에서는 군대가 기동하는 단계에서는 향도의 활용을 강조하였다. 향도를 활용하지 못한다면 지리의 이점을 얻을 수 없다고 하였다. 이런 향도의 중요성이 실제에 반영된 것이 바로 한국의 '향토예비군'이다. 1968년 1월 21일에 북한 민족보위성 정찰국 소속의 무장게릴라들이 청와대를 습격하기 위해 한국에 침투하는 사태가 발생하였고, 이에 대응하는 과정에서 한국군의 정예부대보다 그 지역의 토박이들이 더 큰 역할을 한 것에 교훈을 얻어, 1968년 4월 1일에 한국의 향토예비군이 창설되었다. 창설 이후 향토예비군은 1968년 울진·삼척 무장공비 사건 등에서 혁혁한 무공을 세운 바 있다.

적과 교전단계에 이르러 적의 정보를 획득하는 방법에 대해서는 허실(虛實)편에서 ① 소규모 군사행동으로 적의 대응태세를 살펴보고, ② 지형과 적의 부대 배치 등을 판단하여 승패를 결정할 지역과 지형이 어디인지 파악하며, ③ 소규모 교전을 통해 적의 병력이 어느 곳이 많고 적은지, 어느 곳이 강하고 약한지를 파악해야 한다고 하였다. 손자가 살았던 중국 춘추시대는 인간 정보 이외 달리

정보를 획득할 방법이 없었으니 인간 정보 중심으로 정보획득에 관하여 기술하고 있는 것은 당연하다. 현대에 이르러서는 인간 정보뿐만 아니라 다양한 정보획득 방법과 그에 대한 신속한 처리와 판단, 그리고 신속한 대응이 이루어지고 있다. 군인이《손자병법》을 통해 반드시 유념해야 하는 것은, 전쟁·전투에 앞서 정보획득은 가장 우선적으로 먼저 시행되어야 할 것이라는 점이다. 또한 정보획득을 상급부대에서만 하는 것이라는 생각도 버려야 한다는 것이다. 전투 전에 가장 우선적으로 내 지휘권 범위 내에서 정보획득을 위해 활용할 수 있는 모든 수단을 강구해야만 한다.

《손자병법》 제7편 군쟁(軍爭)편

故不知諸侯之謀者 不能豫交, 不知山林 險阻 沮澤之形者
고 부 지 제 후 지 모 자 불 능 예 교   부 지 산 림 험 조 저 택 지 형 자
不能行軍, 不用鄕導者 不利得地利.
불 능 행 군   불 용 향 도 자 불 리 득 지 리

고로 (다른 나라) 제후의 계략을 모르는 자는 미리 사귈 수 없고(외교관계를 맺을 수 없고), 산림·험난·소택지의 지형을 모르는 자는 행군할 수 없으며, 향도(토착 안내인)를 사용하지 않는 자는 지리의 이점을 얻을 수 없다.

《손자병법》 제11편 구지(九地)편

不用鄕導者 不能得地利. 四五者 不知一 非覇王之兵也.
불 용 향 도 자 불 능 득 지 리   사 오 자 부 지 일 비 패 왕 지 병 야

향도를 쓰지 않으면 지리의 이점을 얻을 수 없다. 4, 5 중(9개[1] 중) 하나라도 모르면 패왕의 군대가 아니다.

1) 9개의 지형 : 산지, 경지, 쟁지, 교지, 구지, 중지, 비지, 위지, 사지

《손자병법》 제6편 허실(虛實)편

故策之而知得失之計 作之而知動靜之理
고 책 지 이 지 득 실 지 계   작 지 이 지 동 정 지 리
形之而知死生之地 角之而知有餘不足之處.
형 지 이 지 사 생 지 지   각 지 이 지 유 여 부 족 지 처

고로 그것을(계책들을) 헤아려서 이해득실의 계산을 알고, 그것을(소규모 작전을 수행, 소규모 부대 행동을) 일으켜서 적의 동정(반응)의 이치(대응 형태)를 알며, 이것을(적의 형태, 지형) 나타내보아 사생(승패)의 땅(지역, 지형)을 알고, 그것을 각하여(적과 작은 충돌을 일으켜) 병력의 우세와 열세 장소(강한 곳과 약한 곳)를 안다.

보안의 중요성

《손자병법》에서는 보안의 중요성에 대해 아래와 같이 시계(始計)편, 군형(軍形)편, 구지(九地)편에서 강조하고 있다. 특히 손자는 보안을 위해 장병들의 눈과 귀를 멀게 해야 한다고 하면서, 어디를 가고 있는지, 어디로 가는지 알 수 없게 해야 한다고 하였다.

《손자병법》 제1편 시계(始計)편

攻其無備, 出其不意. 此兵家之勝, 不可先傳也.
공 기 무 비   출 기 불 의   차 병 가 지 승   불 가 선 전 야

(적의) 대비가 없는 곳을 공격하고, (적이) 뜻하지 않은 곳으로 나아가라. 이는 병법에 있어서 승리하는 방법이니, 미리 알려서는 안 된다.

《손자병법》 제4편 군형(軍形)편

善守者 藏於九地之下, 善攻者 動於九天之上.
선 수 자 장 어 구 지 지 하   선 공 자 동 어 구 천 지 상
故能自保而全勝也.
고 능 자 보 이 전 승 야

방어를 잘하는 자는 (병력을) 깊은 땅속(九地) 아래 감추고, 공격을 잘하는 자는 높은 하늘(九天)의 위에서 움직인다. 고로 능히 스스로 (병력을) 보전하고 승리를 온전하게 할 수 있다.

《손자병법》 제11편 구지(九地)편

能愚士卒之耳目 使之無知. 易其事革其謀 使人無識,
능 우 사 졸 지 이 목   사 지 무 지   역 기 사 혁 기 모   사 인 무 식
易其居 迂其途 使人不得慮.
역 기 거   우 기 도   사 인 불 득 려

능히 장병들의 귀와 눈을 어리석게 하여 아는 것이 없게 해야 한다. 일을 바꾸고 그 계책을 고쳐 남이 알지 못하도록 해야 하고, 있는 곳(주둔지)을 바꾸어 가는 길을 돌아가 사람들로 하여금 판단하지 못하게 해야 한다.

帥與之期 如登高而去其梯. 帥與之深入諸侯之地
수 여 지 기   여 등 고 이 거 기 제   수 여 지 심 입 제 후 지 지
而發其機 焚舟破釜, 若驅群羊 驅而往 驅而來, 莫知所之.
이 발 기 기   분 주 파 부   약 구 군 양   구 이 왕   구 이 래   막 지 소 지

장수가 그것(적)과 함께 (전투) 할 때에는, 높이 올라가게 한 후 그 사다리를 치우는 것과 같다. 장수가 (적국의) 제후의 땅에 깊이 들어가 그것(적)과 함께 (전투)하고, 그 (전쟁의) 기회가 발하면(무르익으면) 배를 태워버리고 가마솥을 깨뜨리고, 양떼를 모든 것과 같이 몰아가고 몰아와도, 가는 곳을 모르게 한다.

서방 원정을 가능하게 한 몽골군의 정보수집

과거 전사에서 정보획득의 교과서는 몽골군이었다. 호라즘 정벌을 시작으로 몽골군은 3차에 걸쳐 서방 원정을 했다. 러시아, 불가리아, 폴란드, 조지아, 아르메니아 등 서방지역을 모두 정벌하였다. 전혀 가본 적이 없었던 지역이었지만, 몽골군은 손자가 말하는 오사칠계(五事七計)에 따른 적 상황을 상세히 알고 있었다. 적국의 지형은 어떠하며, 군주와 백성 간의 관계, 부대의 규모와 전술·훈련 정도, 어디서 보급을 할 수 있는지 등등 적에 대해 상세히 알고 있었다.

이러한 몽골군은 다양한 방법으로 적의 정보를 획득하였다. 호라즘 왕국을 정벌할 때는 첩자를 통해 지형과 군대의 규모와 훈련

정도 등을 모두 파악하였다. 서방 원정 시에는 정찰부대를 수백 킬로미터 전방으로 내보내 적의 상황을 파악하도록 하였다. 적의 배치상태, 지형, 도로의 상태, 식량조달 가능 여부, 심지어는 우물의 수까지 상세하게 파악하였다. 또한 기동을 하며 만나는 베네치아 상인들로부터 유럽 국가들에 대한 상세한 정보를 획득하였는데, 그 정보로 헝가리, 폴란드, 쉘레지엔 등의 지도까지 작성할 수준이었다. 몽골군은 베네치아 상인들과 일종의 협약을 맺었다. 베네치아 상인들이 몽골군에게 유럽 국가들의 정보를 알려주는 대신에 몽골군이 점령하는 지역의 다른 상인들의 교역소는 모두 파괴하여 베네치아 상인들이 무역을 독점할 수 있도록 해주었다. 몽골군의 서방 원정이 가능했던 것은 정보획득 때문이었다고 해도 과언이 아니었고, 이렇게 획득한 정보를 기반으로 몽골군은 피아 비교분석을 통해 공격방법을 계획하고 실행하였기에, 적과 백 번 싸워도 위태롭지 아니하였고, 고국을 떠나 수년 동안 원정을 다녀도 병력을 유지하면서 현지에서 식량 등 군수품 등을 모두 해결할 수 있었던 것이다.

Chapter *07*
지휘통솔

손자에게 물었다.
"장수의 부하들에 대한 지휘통솔은 어떠해야 합니까?"

손자가 대답했다.
"中庸과 背水陣이다."

지휘통솔 : '중용(中庸)'

전쟁을 포함한 인간사에서 발생하는 모든 일들은 사람들 간의 관계가 전부라 해도 과언이 아니다. 군 또는 다른 조직에서 지휘관 또는 리더로서 부하들을 지휘통솔해본 사람이라면 사람들을 지휘통솔한다는 것이 얼마나 힘든 것인지 새삼 느끼게 될 것이다. 사람을 다루는 일이란 참으로 어려운 것이다. 《손자병법》에서 손자가 말한 지휘통솔의 방법은 다음과 같다. 지휘통솔을 잘하기 위해서는 먼저 평시에 법령을 잘 이행하여 상벌을 명확히 해야 한다. 지휘를 하기 전에 병사들과 친해져야 하며, 친해진 후에는 친해졌다 하여 잘못을 눈감아주면 안 되며, 벌을 엄격히 해야 한다. 병사들을 통솔할 때는 부드럽게 하고, 통제·지휘할 때는 엄격함으로써 해야 한다. 손자가 말한 지휘통솔의 정수는 '중용'이다. 병사들을 너무 사랑하면 병사들을 부릴 수가 없고, 병사들에게 사랑하는 마음 없이 너무 엄하면 병사들은 불만이 많아져 복종하지 않는다. 전시에는 법령에 없는 더 높은 상을 주고 특단의 조치를 취하면 병사들의 사기는 높이 올라 명령에 따라 행동할 것이고, 말보다는 행동으로 지휘하고, 전시에는 지휘를 함에 당근과 채찍 중 당근의 방법을 사용하라는 것이다.

《손자병법》 제9편 행군(行軍)편

卒未親附而罰之 則不服, 不服則難用也. 卒已親附
졸미친부이벌지 즉불복 불복즉난용야 졸이친부
而罰不行, 則不可用.
이벌불행 즉불가용

병사들과 아직 친하지 않은데도 벌을 주면 복종하지 않으니. 복종하지 않으면 (병사를) 쓰기 어렵다(지휘통솔할 수 없다). 병사들과 이미 친해졌는데도 벌을 행하지 않으면, 또한 (위계질서가 없어 병사를) 쓸 수 없다.

故令之以文, 齊之以武, 是謂必取.
고영지이문 제지이무 시위필취
令素行 以教其民 則民服, 令不素行 以教 其民 則民不服.
영소행 이교기민 즉민복 영불소행 이교 기민 즉민불복
令素行者 與衆相得也.
영소행자 여중상득야

그러므로 명령을 하는 데는 문(덕, 정, 통솔)으로써 하고, 통제할 때에는 무(엄격함, 지휘)로써 하는 것이니, 이를 반드시 취한다(반드시 승리를 쟁취한다)고 하는 것이다. 법령이 본디 잘 이행되고 이로써 병사를 교육하면 병사는 복종하는데, 법령이 본디 잘 이행되지 않으면서 병사를 교육하려 하면 병사는 복종하지 않는다. 영이 본디 잘 이행되면 장병들과 서로 득이 된다.

《손자병법》 제10편 지형(地形)편

視卒如嬰兒, 故可與之赴深谿. 視卒如愛子,
시졸여영아 고가여지부심계 시졸여애자

故可與之俱死. 厚而不能使, 愛而不能令, 亂而不能治,
고 가 여 지 구 사   후 이 불 능 사   애 이 불 능 령   란 이 불 능 치
譬餘驕子 不可用也.
비 여 교 자 불 가 용 야

병사를 보기를 어린아이처럼 보면, 이와(병사들과) 함께 깊은 골짜기에 갈 수 있다(험한 곳에 갈 수 있다). 병사를 보기를 사랑하는 사람처럼 보면, 이와(병사들과) 함께 죽을 수 있다. (병사들을 너무) 후하게 대하면 부릴 수 없고, 사랑하면 명령을 할 수 없으며, 문란하면 다스릴 수 없게 되어, 비유컨대 교만하고 방자한 자식과 같아서 아무짝에도 쓸 수 없다.

《손자병법》 제11편 구지(九地)편

是故 方馬埋輪 未足恃也. 齊勇若一 政之道也 剛柔皆得
시 고   방 마 매 륜   미 족 시 야   제 용 약 일   정 지 도 야   강 유 개 득
地之理也.
지 지 리 야

이런고로 말을 매어두고 수레바퀴를 땅에 묻어두어도 아직 만족하고 믿을 것이 못 된다. 병사들을 하나와 같이 용감하게 하는 것은 다스림(지휘통솔)의 방법이고, 강한 자와 약한 자를 얻는 것은 지형·지리의 이치이다(지리·지형을 활용하기 때문이다).

施無法之賞 懸無政之令 犯三軍之衆 若使一人 犯之以事
시 무 법 지 상   현 무 정 지 령   범 삼 군 지 중   약 사 일 인   범 지 이 사
勿告以言 犯之以利 勿告以害.
물 고 이 언   범 지 이 리   물 고 이 해

(평시의) 법에 없는 상을 베풀고, (평시의) 규정에 없는 영을 내걸면(내리면), 무릇 삼군의 많은 부대는 마치 한 사람처럼 움직인다. 실행(행동)으로써 움직이게 하고 말로써 명령하지 말며(말보다는 실천으로 하라), 이익으로써 행동하게 하고 해로써 말하지 말라(이익되는 것을 말해 움직이게 하고 해가 되는 것은 말하지 말라).

전장에서의 지휘 : "背水陣"

　손자는 아래 문장과 같이 말을 서로 매어두고, 수레바퀴를 땅에 묻어둔다고 해서 병사들이 도망가지 않고, 자기 위치를 지키며 전투를 수행하는 것이 아니라고 하면서, 병사들을 한 몸처럼 움직이게 만드는 것은 지휘통솔이라고 하였다. 또 병사들이 사력을 다해 싸움으로써 강한 전투력을 보이느냐, 그렇지 않은가는 지형과 지리를 얼마나 잘 활용하는가에 따라 결정된다고 하였다.

《손자병법》 제11편 구지(九地)편

是故 方馬埋輪 未足恃也. 齊勇若一 政之道也 剛柔皆得
시고 방마매륜 미족시야　제용약일 정지도야 강유개득
地之理也.
지지리야

이런고로 말을 매어두고 수레바퀴를 땅에 묻어두어도 아직 만족하고 믿을 것이 못 된다. 병사들을 하나와 같이 용감하게 하는 것은 다스림(지휘통솔)의 방법이고, 강한 자와 약한 자를 얻는 것은 지형·지리의 이치이다(지리·지형을 활용하기 때문이다).

　지형과 지리를 어떻게 활용하느냐에 따라 병사들이 강한 전투력을 발휘하게 하느냐 마느냐가 결정되는데, 《손자병법》에서는 그 지형과 지리의 이점을 활용하는 방법에 대해 기술하고 있다. 모든 문장들을 한마디로 표현하면 '배수의 진(背水陣)'이다. 병사들로 하여금 전투를 하는 방법 이외에는 다른 방법이 없도록, 다른 선택을 할 수 없도록, 후퇴하거나 벗어날 수 없는 곳에서 전투를 하도록 하여 지형과 지리를 이용해야 한다는 것이다. 적의 영토에서 전쟁을 할 때는 깊숙이 들어가 전투하고, 싸우는 장소는 병사들이 벗어날 수 없는 곳이어야 하며, 사력을 다해 싸울 수밖에 없는 사지에 병사들을 밀어 넣어야 한다는 것이다. 이러한 상황은 마치 병사들을 높이 올라가게 한 후 사다리를 치우는 것과 같고, 더 이상 밥을 지어 먹을 수 없게 가마솥을 모두 부숴버리고, 퇴각할 수 있는 배들을 모두 불태워버리는 것과 같은 것이라고 하였다. 이런 상황에서는 병사들은 부득이 전투를 하지 않을 수 없고, 생존을 위해 죽기 살기로 싸우게 된다는 것이다.

《손자병법》 제11편 구지(九地)편

凡爲客之道, 深入則專, 主人不克, 掠於饒野 三軍足食.
범위객지도   심입즉전   주인불극   약어요야 삼군족식

謹養而勿勞, 倂氣積力. 運兵計謀爲不可測, 投之無所往
근양이물노   병기적력   운병계모위불가측   투지무소왕

死且不北.
사차불배

무릇 객(남의 나라 안으로 침입하는 원정군)의 방법은, 깊이 들어가면 곧 (병사들은) 전념(단결)하게 되니, (그 땅의) 주인(적국)은 이기지 못한다. 풍요로운 들판에서 (적의 식량을) 약탈하면 (아국) 삼군은 식량을 만족할 수 있다(식량을 얻을 수 있다). 삼가 휴식을 취하고 피로하게 하지 말며, 사기를 모아 전력을 축적해야 한다. 병사의 움직임과 작전계획은 예측하지 못하도록 해서, 벗어날 수 없는 곳에 투입하면 죽되(죽음을 불사하되) 배신하지 않는다.

死焉不得士人盡力. 兵士甚陷則不懼. 無所往則固,
사언부득사인진력   병사심함즉불구   무소왕즉고

入深則拘, 不得已則鬪. 是故 其兵不修而戒, 不求而得,
입심즉구   부득이즉투   시고 기병불수이계   불구이득

不約而親, 不令而信. 禁祥去疑 至死無所之.
불약이친   불령이신   금상거의 지사무소지

죽게 되면(죽을 상황에 처하면) 어찌 장병들은 전력을 다하지 않겠는가? 병사는 (극한의 상황에) 깊이 빠지면 두려워하지 않는다. 빠져나갈 길이 없으면 굳게 되고(단결하게 되고), 깊이 들어가면 (장수의 지휘, 작전에) 구속되어, 부득이 전투를 할 수밖에 없는 것이다. 이런고로 그 병사는 훈련이 없어도 (스스로) 삼가고 (군령을) 지키며, (병사들의 마음을) 구하지 않아도 얻을 수 있고, 언약하지 않아도 친해지며(저절로 친해진다), 명령이 없어도 믿게 된다. 상(미신)을 금지시키고 의심을 버리게 하면 죽음에 이르러서도 갈 곳이 없다(전장을 이탈하지 않는다).

吾士無餘財 非惡貨也, 無餘命 非惡壽也. 令發之日
오 사 무 여 재 비 오 화 야   무 여 명 비 오 수 야   영 발 지 일
士卒坐者 涕霑襟 偃臥者 涕交頤 投之無所往 諸劌之勇也.
사 졸 좌 자 체 점 금 언 와 자 체 교 이 투 지 무 소 왕 제 귀 지 용 야

나의 병사들이 재물에 대한 미련이 없는 것은 돈을 싫어해서가 아니고, (나의 병사들이) 목숨에 미련이 없는 것은 목숨을 싫어해서가(오래 살고 싶지 않아서가) 아니다. 명령을 발하는 날에 병사들 중 앉은 자는 눈물을 흘려 옷깃을 적시고, 누워 있는 자는 눈물이 턱에 닿는다. 벗어날 수 없는 곳에 투입하면 제(전제)나 귀(조귀)[1]처럼 용감해진다(용맹스럽게 싸운다).

1) 전제는 오나라 요왕을 암살했었고, 조귀는 노나라의 맹장이다.

曰 可. 夫吳人與越人相惡也, 當其同舟而濟遇風
왈 가   부 오 인 여 월 인 상 오 야   당 기 동 주 이 제 우 풍
其相救也如左右手.
기 상 구 야 여 좌 우 수

가로되 옳다. 대저 오나라 사람들과 월나라 사람들이 서로 미워하나, 같은 배에 타고 건너다가 풍랑을 만나게 되면, 서로 구원하는 것이 좌우 손과 같다.

故善用兵者 携手若使一人 不得已也 將軍之事 靜以幽
고 선 용 병 자 휴 수 약 사 일 인 부 득 이 야 장 군 지 사 정 이 유
正以治.
정 이 치

그러므로 용병을 잘하는 자는 (병사들의) 손을 이끌되 한 사람같이 하는데, 부득이하기 때문이다(싸우지 않을 수 없는 상황에 처하도록 해놓았기 때문이다).

장군의 일은 고요함으로써 그윽해야 하고(묵묵함으로써 그윽해져 그 의도하는 바를 알 수 없게 하고), 올바름으로써 다스려야 한다(공정하고 엄정함으로써 다스려야 한다).

帥與之期 如登高而去其梯. 帥與之深入諸侯之地
수 여 지 기 　여 등 고 이 거 기 제　　수 여 지 심 입 제 후 지 지
而發其機 焚舟破釜, 若驅群羊 驅而往 驅而來, 莫知所之.
이 발 기 기　분 주 파 부,　약 구 군 양　구 이 왕　구 이 래,　막 지 소 지

장수가 그것(적)과 함께 (전투) 할 때에는, 높이 올라가게 한 후 그 사다리를 치우는 것과 같다. 장수가 (적국의) 제후의 땅에 깊이 들어가 그것(적)과 함께 (전투)하고, 그 (전쟁의) 기회가 발하면(무르익으면) 배를 태워버리고 가마솥을 깨뜨리고, 양떼를 모든 것과 같이 몰아가고 몰아와도, 가는 곳을 모르게 한다.

故兵之情 圍則禦, 不得已則鬪, 過則從.
고 병 지 정　위 즉 어,　부 득 이 즉 투,　과 즉 종

그러므로 병사의 심리는 포위당하면 방어하고, 부득이하면 싸우고, 지나가면 곧 쫓는다.

投之亡地 然後存, 陷之死地 然後生. 夫衆陷於害
투 지 망 지　연 후 존,　함 지 사 지　연 후 생.　부 중 함 어 해
然後能爲勝敗.
연 후 능 위 승 패

사지에 병사를 투입하면 그런 연후에야 (병사들이 사력을 다해 싸우므로) 보존할 수 있고, 사지에 병사들을 빠뜨린 연후에야 (병사들이 사력을 다해 싸우므로) 생존할 수 있다. 대저 군대는 위험에 빠진 연후에야 승패를 할 수 있다(승패를 건 싸움을 하게 되는 것이다).

Chapter 08
전투기술 등

행군과 기동요령, 적의 동태, 전투기술,
군수품 조달, 지휘통신·편제

행군과 기동 방법

군쟁(軍爭)편에서는 행군과 관련하여 군수품을 운반하는 치중부대와 반드시 같이 행군할 것과 장병들의 체력을 고려치 않고 휴식 없이 무리하게 행군하는 경우 그 위험에 대해 논하고 있다.

《손자병법》 제7편 군쟁(軍爭)편

故軍爭爲利 軍爭爲危. 擧軍而爭利 則不及. 委軍而爭利
고 군 쟁 위 리 군 쟁 위 위   거 군 이 쟁 리 즉 불 급   위 군 이 쟁 리
則輜重捐.
즉 치 중 연

고로 전투는 유리해지기도 하고 불리해지기도 한다. 전군을 일으켜 전쟁의 이로움을 다투면, 즉 (행동이 민첩하지 못하여 적절한 시기에) 미치지 못하게 된다. 군사들에게 맡겨서 이로움을 다투면, 곧 (서로 앞을 다투기 때문에) 치중(부대)은 (뒤로) 버려진다.

是故卷甲而趨, 日夜不處 倍道兼行, 百里而爭利,
시 고 권 갑 이 추   일 야 불 처 배 도 겸 행   백 리 이 쟁 리

則擒三將軍 勁者先 罷者後 其法十一而至. 五十里而爭利,
즉금삼장군 경자선 피자후 기법십일이지 오십리이쟁리
則蹶上將軍, 其法半至. 三十里而爭利, 則三分之二至.
즉궐상장군 기법반지 삼십리이쟁리 즉삼분지이지
是故軍無輜重則亡 無糧食則亡 無委積則亡.
시고군무치중즉망 무양식즉망 무위적즉망

이런고로 갑옷을 걷어 올리고 추격하고, 밤낮을 쉬지 않고 속도를 높여 겸행(밤과 낮을 이어서 계속 가면)하여, (적과) 백리를 가서 이로움을 다투면, 곧 삼장군은 포로가 되고, 건장한 자(병사)는 먼저 하고, 피곤한 자(병사)는 뒤처져, 그러한 법으로는 1/10만이 (목적지에) 도달하게 된다. 50리를 가서 이로움을 다투면, 곧 상장군은 쓰러지고, 그러한 방법으로는 1/2만이 (목적지에) 도달하게 되고, 30리를 가서 이로움을 다투면, 곧 2/3만이 (목적지에) 이르게 된다. 이런고로 군에 치중이 없으면 패배하고, 식량이 없으면 곧 패배하며, 쌓아놓은 물자가 없으면 곧 망한다.

행군(行軍)편에서는 ① 산악지대에서의 행군하는 방법, ② 하천에서의 기동 및 전투 방법, ③ 소택지에서의 기동 및 전투 방법, ④ 평지에서 기동하는 방법, ⑤ 주둔지를 선택하는 방법, ⑥ 물거품이 이는 물을 건너는 방법, ⑦ 절간, 천정, 천뢰, 천라, 천함, 천극에서 기동하고 전투하는 방법, ⑧ 주둔지나 행군에서 반드시 수색해야 하는 곳에 대해 논하고 있다.

① 산악지대에서는 계곡을 따라 행군하되, 시야가 확보된 높은 곳을 차지하여 주변을 경계하고, 혹시라도 적이 고지에 있다면 공격하지 말아야 한다. ② 하천에서는 강을 건너는 부대는 건너자마자 강에서 신속히 멀어지고, 숙영지도 강에서 이격된 곳에서 해야 한다. 만약 강을 건너오는 적을 공격하는 경우에는 적의 제대가 반

쯤 건너왔을 때 공격하고, 적을 기다릴 때에는 강가에 가까이 진을 펼치고 있으면 적이 건너오지 않으니 강에서 멀리 떨어져 진을 치고 있어야 하며, 가능한 시야가 확보된 높은 곳에서 진을 쳐야 한다. 또한 상류에서 내려오는 적은 맞이하지 말아야 한다. ③ 소택지는 신속히 기동하고, 적과 교전하게 되면 숲을 등지고 수초를 앞에 두고 해야 한다. ④ 평지에서는 평탄한 곳에 진을 치는데, 오른쪽과 등 뒤에는 높은 지형이 위치하도록 하고, 적이 공격해올 앞쪽은 험준한 지형이 되게끔 하고, 아군의 퇴로가 보장되어야 한다. ⑤ 주둔지는 양지바른 곳이 좋고, 구릉이나 제방에서 주둔할 때에는 구릉이나 제방이 오른쪽 배후에 위치하도록 주둔지를 편성하는 것이 좋다. ⑥ 물을 건너려 하는데 물거품이 일면 이는 상류에서 비가 많이 온 것이니 센 물살이 가라앉았을 때를 기다려 건너야 한다. ⑦ 험난한 지형들은 빨리 지나가고, 이런 지형에서 적과 교전할 때는 험난한 지형 쪽으로 적을 유인해서 적이 험난한 지형을 등지도록 한 후 공격해야 한다. ⑧ 험준한 산지나, 소택지, 갈대밭, 초목이 무성한 곳은 복병이 있을 수 있으니 반드시 수색해야 한다.

《손자병법》 제9편 행군(行軍)편

孫子曰, 凡處軍相敵 絶山依谷, 視生處高. 戰隆無登
손 자 왈   범 처 군 상 적 절 산 의 곡   시 생 처 고   전 륭 무 등
此處山之軍也.
차 처 산 지 군 야

손자가 말하기를, 무릇 군을 처하게 하여(기동시켜) 적을 상대할 때, 계곡을 따라 산을 지나갈 때는 시야를 확보할 수 있는 높은 곳을 점거해야 한다. 적이 높이 있

으면 싸우지 말고 오르지 마라. 이것이 산악지대의 군을 처하게 하는(기동시키는) 것(방법)이다.

絶水必遠水 敵節水而來, 勿迎之於水內 令半濟而擊之利.
절수필원수 적절수이래 물영지어수내 영반제이격지리

물을 건너면 반드시 물에서 멀어지고, 적이 물을 건너서 오면, 물 가운에 있는 적을 맞이하지 말고, 반쯤 건넜을 때 이를 공격하면 이롭다.[1]

1) 적이 반 정도 건널 때 행동의 자유가 박탈되므로 이롭다는 견해와 적의 반은 물속에, 나머지는 밖에 있으므로 적의 병력이 양분되어 이롭다는 견해 두 가지가 있다. 필자는 후자의 견해가 더 타당한 것으로 보인다. 일부는 물을 건너온 상태이고, 일부는 아직 물을 건너지 못한 상태에서 병력이 양분되어 있으므로, 이미 건너온 일부의 적을 공격하라는 것이다. 적이 물 가운데 있다는 것은 적이 이제 막 물을 건너기 시작한 것이고, 대부분의 주력은 물을 건너기 위해 대기하고 있는 상태이므로, 아군의 물 반대편에서의 공격은 효과를 볼 수 없게 된다.

欲戰者 無附於水而迎客, 視生處高, 無迎水流.
욕전자 무부어수이영객 시생처고 무영수류

此處水上之軍也.
차처수상지군야

싸우고자 하는 자는 물에 붙어서 적을 맞이하지 말고, 시야가 확보되는 높은 곳을 점거하고, 물이 흐르는 방향(상류쪽)을 향하여 적을 맞지 말라[2]. 이것이 물 위에서 군을 기동시키는 방법이다.

2) 물을 거슬러 올라가면서 적을 맞이하지 말라는 해석이 다수설인 것으로 보인다. 물을 거슬러 올라가기가 힘들다는 이유 때문이다. 그러나 우리가 적과 교전을 앞두고 흐르는 물 속에서 상류 방향으로 기동하면서 적을 맞이한다는 것은 있을 수 없는 일이다. 더군다나 물을 건너면 반드시 멀어지라고 한 이전 문장과의 내용과도 상반된다. 따라서 이 문장은 물이 흐르는 방향에서 오는 적, 즉 상류 방향에서 오는 적을 맞이하지 말라는 뜻으로 해석해야 한다. 왜냐하면 물은 높은 곳에서 낮은 곳으로 흐르고, 따라서 높은 곳에서 낮은 곳으로 기동해오는 적은 그 세(勢)가 아군보다 강하기 때문이다.

絶斥澤 惟亟去無留. 若交軍於斥澤之中, 必依水草,
절척택 유극거무류 약교군어척택지중 필의수초

而背衆樹. 此處斥澤之軍也.
이배중수 차처척택지군야

척택(소택지, 늪지대)을 건널 때는 오직 급히 가고 머무르지 말아야 한다. 만약에 척택지 중간에서 적과 조우한다면, 반드시 수초에 의지하고(수초로 은폐하고), 울창한 나무들(숲)을 등져야 한다. 이것이 척택지에서 군을 기동시키는 방법이다.

平陸處易, 右背高, 前死後生. 此處平陸之軍也.
평륙처이 우배고 전사후생 차처평륙지군야
凡此四軍之利 黃帝之所以勝 四帝也.
범차사군지리 황제지소이승 사제야

평지에서는 기동이 쉬운 곳에 위치하고, 오른쪽과 배후에는 높은 곳을 두고, 앞에는 사지(뒤는 견고하고 앞은 좁은 곳)³⁾를 뒤에는 생지(퇴로가 보장되는 지형)를 두어야 한다. 이것이 평지에서 군을 기동시키는 방법이다.

3) 손자병법 제11편 구지(九地)편에서 기술하고 있는 사지(死地)이다.

凡軍好高而惡下. 貴陽而賤陰. 養生而處實 軍無百疾
범군호고이악하 귀양이천음 양생이처실 군무백질
是謂必勝.
시위필승

무릇 군은 높을 곳을 좋아하고 낮은 곳을 싫어한다. 양지바른 곳이 좋고 음지는 좋지 않다. 생을 길러 실한 곳에 위치하면 군은 백 가지 질병이 없다. 이것이 필승이라 한다.

丘陵隄防 必處其陽而右背之 此兵之利 地之助也.
구릉제방 필처기양이우배지 차병지리 지지조야
上雨水沫至 欲涉者, 待其定也.
상우수말지 욕섭자 대기정야

구릉과 제방에서는 반드시 그 양지 쪽에 위치하고 그것(구릉과 제방)을 오른쪽과 배후에 두어야 한다. 이것이 전투의 이점이고 지형의 도움이라고 한다. 상류에 비가 와서 포말이 다다르는데 물을 건너고자 하는 자는 그것이 안정될 때까지 기다려야 한다.

凡地有 絶澗 天井 天牢 天羅 天陷 天隙, 必極去之 勿近也.
범지유 절간 천정 천뢰 천라 천함 천극 필극거지 물근야

吾遠之, 敵近之, 吾迎之, 敵背之.
오원지　적근지　오영지　적배지

무릇 땅에는 절간, 천정, 천뢰, 천라, 천함, 천극이 있는데, 반드시 신속히 지나가고 가까이해서는 안 된다. 나는 이것을 멀리하고, (적을 유인해서) 적이 이것에 가까이하게끔 하며, 나는 이것을 앞에 두고, 적이 이것을 등지게 해야 한다.

軍旁有 險阻 潢井 葭葦 林木 翳薈者, 必謹覆索之
군방유 험조 황정 겸가 임목 예회자　필근복색지
此伏姦之所也.
차복간지소야

무릇 부대의 주위에 험난한 산이나 소택지, 갈대밭이나 임목, 초목이 무성한 곳이 있으면, 반드시 삼가 그것을 반복 수색해야 하고, 이곳은 복병과 도둑이 있는 곳이다.

적의 동태

　행군(行軍)편에서는 적의 동태를 보고 아군이 판단해야 할 것들에 대해서는 다음과 같이 기술하고 있다. ① 접근함에도 조용한 적은 함정을 파놓고 아군을 유인하는 것이고, 멀리 있음에도 아군에게 도발하는 적은 아군을 유인하기 위함이며, 평탄한 지형을 차지하고 있는 적은 그들이 유리한 무엇인가가 있기 때문이다. ② 많은 나무들이 움직이는 것은 적이 오는 것이요, 아군의 기동로를 막고 있는 많은 풀들이 있다는 것은 적이 아군을 속이기 위함이다. 즉 적이 있다고 의심하게 만들어서 아군의 기동을 늦추고자 함이다. 새가 갑자기 날아오르는 것은 복병이 있기 때문이고, 들짐승이 놀라 달아남은 아군을 기습하려는 적이 있기 때문이다. ③ 먼지가 높고 날카롭다는 것은 적 전차가 오고 있는 것이고, 먼지가 낮고 넓게 보이는 것은 적 보병이 오는 것이며, 먼지가 나뭇가지처럼 흩어지는 것은 적이 땔나무를 구하고 있는 것이고, 작은 먼지가 왔다 갔다 움직이는 것은 적이 숙영을 준비하는 것이다.

④ 적이 저자세를 취하면 진격할 계획이고, 강경한 어조로 도발하는 것은 후퇴하려 하는 것이다. 적의 전차가 양쪽에 나와 있는 것은 공격할 태세이고, 약속 없이 강화 요청을 하는 것은 모략이 있기 때문이다. 적이 분주히 다니고 전차대가 배치되는 것은 결전을 시도하고자 하는 것이고, 적이 조금 전진했다가 다시 조금 후퇴하는 것은 아군을 유인하기 위함이다. ⑤ 적 진영에 병사들이 지팡이를 짚고 서 있는 것은 식량이 없어 굶주리고 있다는 것이고, 급히 물을 마시는 것은 갈증이 난다는 것이며, 유리함에도 진격하지 않는 것은 피로하기 때문이다. ⑥ 적 진영에 새가 모인다는 것은 이미 적이 철수하여 진영이 비어 있다는 것이고, 밤에 적이 소리치는 것은 겁에 질려 있기 때문이다. 병사들이 소란한 것은 장수의 위엄이 없어졌다는 뜻이고, 군기가 마구 펄럭거리고 있다는 것은 군의 내부가 문란하다는 것이다. 장수가 마구 성을 내고 있다는 것은 군이 지쳐 있어 움직이지 않으니 장수가 화를 내고 있다는 뜻이다. ⑦ 말을 잡아서 먹는다는 것은 식량이 다 떨어졌다는 것이며, 취사 도구를 병사들이 휴대하지 않는다는 것은 결전을 하겠다는 뜻이다. 장수가 장황한 어조로 말을 하는 것은 병사들에게 신망을 잃었다는 것이며, 상을 자주 주는 것은 지휘함에 어려움이 있다는 것이

고, 벌을 자주 주는 것은 통솔이 곤란하기 때문이다. ⑧ 교전 중에 사신을 보내 정중히 사과하는 것은 휴전을 원한다는 것이고, 화를 내며 진격해온 적군이 공격은 하지 않고 철수하는 것은 아군을 유인하려는 계략이므로 경계해야 한다.

《손자병법》 제9편 행군(行軍)편

敵近而靜者, 恃其險也. 遠而挑戰者 欲人之進也
적 근 이 정 자   시 기 험 야   원 이 도 전 자 욕 인 지 진 야
其所居易者 利也.
기 소 거 이 자 리 야

적이 가까운데에도 고요한 것은, 그 험함을 믿기 때문이다. 멀리 떨어져 있으면서 도전하는 자는 상대방이 나오게 하려 함이다. 그 평탄한 곳을 점거하고 있는 것은 이익이 있기 때문이다.

衆樹動者 來也. 衆草多障者 疑也. 鳥起者 伏也. 獸駭者.
중 수 동 자 래 야   중 초 다 장 자 의 야   조 기 자 복 야   수 해 자
覆也. 塵高而銳者 車來也. 卑而廣者 徒來也. 散而條達者
복 야   진 고 이 예 자 차 래 야   비 이 광 자 도 래 야   산 이 조 달 자
樵採也 少而往來者 營軍也.
초 채 야   소 이 왕 래 자   영 군 야

많은 나무들이 움직이는 것은 (적이) 오는 것이다. 많은 풀들이 막고 있는 것은 의심해봐야 한다. 새가 날아가는 것은 매복하고 있는 것이다. 짐승이 놀라 달아나는 것은 덮치려는 것이다. 먼지가 높고 날카롭게 오르는 것은 (적) 전차가 오는 것이다. 먼지가 낮고 넓게 이는 것은 (적) 보병이 오고 있는 것이다. 먼지가 흩어지고 나뭇가지처럼 오르는 것은 (적군이) 땔나무를 모으고 있는 것이다. 먼지가 작고 왔다 갔다 하는 것은 숙영을 하고 있는 것이다.

辭卑而益備者 進也. 辭强而進驅者 退也.
사 비 이 익 비 자 진 야   사 강 이 진 구 자 퇴 야
輕車先出居其側者 陳也. 無約而請和者 謀也.
경 거 선 출 거 기 측 자 진 야   무 약 이 청 화 자 모 야

奔走而陳兵車者 期也. 半進半退者 誘也. 杖而立者 飢也.
분주이진병차자 기야   반진반퇴자 유야   장이립자 기야
汲而先飲者 渴也. 見利而不進者 勞也.
급이선음자 갈야   견리이부진자 로야

어조를 낮추면서도 더하여 대비를 하는 자는 진격하려 하는 것이다. 강경한 어조로 말하며 진격하려 하는 자는 후퇴하려 하는 것이다. 전투용 수레가 먼저 그 측익을 점거하고 있는 것은 공격대형을 갖추는 것이다. 약속도 없이 강화를 청하는 자는 모략이 있는 것이다. 분주하게 뛰어다니며 전차들의 진을 펴는 자는 시기를 보아 전투를 하려 함이다. 반은 (조금씩) 전진하고 반은 (조금씩) 후퇴하는 자는 유인하는 것이다. 지팡이를 짚고 서는 자가 있는 것은 굶주렸기 때문이다. 물을 길어서 급하게 먼저 물을 마신다면 목말라 있기 때문이다. 이익을 보고도 나오지 않는다면 피로해 있기 때문이다.

鳥集者 虛也. 夜呼者 恐也. 軍擾者 將不重也.
조집자 허야   야호자 공야   군요자 장불중야
旌旗動者 亂也. 吏怒者 捲也 殺馬肉食者 軍無糧也.
정기동자 란야   리노자 권야 살마육식자 군무양야
懸甀不返其舍者 窮寇也. 諄諄翕翕 徐與人言者 失重也.
현부불반기사자 궁구야   순순흡흡 서여인언자 실중야
數賞者 窘也. 數罰者 困也.
삭상자 군야   삭벌자 곤야

새가 모이는 것은 군영이 빈 것이다. 야간에 외치는 것은 공포스러운 것이다. 군이 소란한 것은 장군이 위엄이 없는 것이다. 깃발이 움직이는 것은 (적의 군내가) 어지러운 것이다. 간부가 화를 내는 것은 (군이 지쳐서) 게을러진 것이다. 말을 잡아서 고기를 먹는 것은 군에 식량이 없는 것이다. 취사도구를 매달아 놓고도 그 막사로 돌아가지 않는 것은 궁한 적이 결사하려는 것이다. (장수가) 거듭해서 타이르듯이 병사들에게 말하는 것은 군중의 신망을 잃은 것이다. 많은 상을 주는 것은 지휘가 궁색한 것이고, 많은 벌을 주는 것은 통솔이 곤란한 것이다.

先暴而後畏其衆者 不精之至也 來委謝者 欲休息也.
선폭이후외기중자 부정지지야 래위사자 욕휴식야
兵怒而相迎, 久而不合 又不相去 必謹察之.
병노이상영   구이불합 우불상거 필근찰지

먼저 난폭하게 (지휘)하다가 후에 그 병사들을 두려워하는 것은 정밀하지 못함

Chapter 08 전투기술 등 **211**

의 극치이다(무능한 장수이다). (적이) 사신을 보내 사과를 하는 것은, 휴전을 하기 위함이다. 병사들이 (서로) 노여움(적개심)을 가지고 서로 대치하다가, 오랫동안 싸우지 않고 또한 퇴각도 하지 아니하는 것은, 반드시 삼가 살펴야(경계해야) 한다.

기타 전투기술

모공(謀攻)편에서는 적과 아군의 병력 규모에 따른 작전으로서, 적보다 열 배가 많으면 포위, 다섯 배이면 공격, 두 배이면 적을 분리시켜 공격, 적과 대등하면 능력껏 싸우고, 적보다 병력이 적으면 방어하고, 아군이 소수밖에 없으면 적을 피해야 한다고 하였다. 군쟁(軍爭)편에서는 적의 사기가 예리한 아침에는 전투를 피하고, 사기가 사라지는 저녁에 공격해야 하며, 가까운 곳에서 멀리서 오는 적을 기다려 공격하는 것이 힘을 비축하여 적을 공격하는 최선이라고 하였다.

《손자병법》 제3편 모공(謀攻)편

故用兵之法, 十則圍之, 五則攻之, 倍則分之, 敵則能戰之
고용병지법 십즉위지 오즉공지 배즉분지 적즉능전지
少則能逃之. 不若則能避之 故少敵之堅 大敵之擒也.
소즉능도지 불약즉능피지 고소적지견 대적지금야

고로 용병의 방법은, 열이면(병력이 적보다 10배가 많으면) 포위하고, 다섯이면 공격하고, 두 배이면 나눈다(적을 분산시켜 공격한다). 적과 대등하면 곧 능력껏 싸운다. 적으면 능히 방어해야 한다. 만약에 이에도 못 미치면 피한다. 고로 소수의 적이 굳게 지키면 큰 적의 포로가 된다.

《손자병법》 제7편 군쟁(軍爭)편

故三軍可奪氣, 將軍可奪心. 是故朝氣銳, 晝氣惰, 暮氣歸.
고 삼 군 가 탈 기   장 군 가 탈 심   시 고 조 기 예   주 기 타   모 기 귀
故善用兵者 避其銳氣 擊其惰歸 此治氣者也. 以治待亂
고 선 용 병 자 피 기 예 기 격 기 타 귀 차 치 기 자 야   이 치 대 란
以靜待譁 此治心者也. 以近待遠 以佚待勞 以飽待饑
이 정 대 화 차 치 심 자 야   이 근 대 원 이 일 대 로 이 포 대 기
此治力者也.
차 치 역 자 야

고로 삼군은 (적의) 사기를 빼앗아야 하고, 장군은 (적장의) 마음을 빼앗아야 한다. 이런고로 아침에는 사기가 예리하고, 낮에는 해이해지고, 밤에는 사기가 사라진다. 고로 용병을 잘하는 자는 그 예리한 사기를 피하고, (사기가) 해이해지고 사라질 때를 공격한다. 이것이 사기를 다스리는 방법이다. (아군의) 질서가 유지된 상태로 (적의) 혼란함을 기다리고, (아군의) 고요함으로써 시끄러움을 기다리는데, 이것이 마음을 다스리는 것이다. (아군에게) 가까운 곳에서 먼 곳(멀리서 오는 적)을 기다리고, (아군이) 편안한 상태에서 피곤함(피곤한 상태로 오는 적)을 기다리며, (아군이) 배부른 상태에서 배고픔(배고픈 적)을 기다리는데, 이것이 힘을 다스리는 것이다.

구변(九變)편에서는 전투기술로서 구변오리(九變五利)를 기술하고 있다. 구변(九變)으로 ① 고지의 적은 정면공격을 하지 말 것, ② 구릉을 등지고 내려오는 적을 맞아 교전하지 말 것, ③ 거짓 패배로 달아나는 적을 추격하지 말 것, ④ 적의 정예부대는 공격하지 말고, ⑤ 미끼로 유인하는 경우 교전하지 말 것, ⑥ 철수하는 적의 퇴로를 봉쇄하지 말 것, ⑦ 포위 시에는 적이 빠져나갈 수 있는 틈을 내어줄 것, ⑧ 막다른 곳에 몰린 적을 핍박하지 말 것, ⑨ 험한 지형에서는 머물지 말 것이 있다. 오리(五利)는 ① 가지 말아야 할 기동로가 무엇인지 아는 것, ② 공격하지 말아야 할 적이 어떤 적인지 아

는 것, ③ 공격하지 말아야 할 성(城)이 어떤 성인지 아는 것, ④ 적지를 차지할 수 있는 경우에도 무턱대고 차지해서는 안 되는 곳이 어디인지를 아는 것, ⑤ 어떤 경우에 군주의 명령을 받아들일지 말아야 하는지를 아는 것을 말한다.

《손자병법》제8편 구변(九變)편 - 九變五利

孫子曰 凡用兵之法 高陵勿向, 背丘勿逆, 佯北勿從
손자왈 범용병지법 고릉물향 배구물역 양배물종
銳卒勿攻 餌兵勿食 歸師勿遏, 圍師必闕 窮寇勿迫
예졸물공 이병물식 귀사물알 위사필궐 궁구물박
絶地勿留.
절지물유

손자가 말하되, 무릇 용병의 법은 ① 고릉을 향하지 마라(고지에 진을 치고 있는 적을 정면에서 공격하지 말라). ② 언덕을 등진 적을 맞이하지 마라(언덕에서 내려오는 적을 맞이하지 말라). ③ 거짓으로 체한 척 달아나는 적을 추격하지 말라. ④ 적의 정예부대를 공격하지 말라. ⑤ 미끼로 유인하는 적과는 교전하지 말라. ⑥ 철수하는 적의 퇴로를 막지 말라. ⑦ 적을 포위할 때 반드시 틈을 개방하여 퇴로를 만들어주라. ⑧ 막다른 지경에 빠진 적은 핍박하지 말라. ⑨ 지세한 험한 지형에 머무르지 말라.

塗有所不由, 軍有所不擊, 城有所不攻, 地有所不爭,
도유소불유 군유소불격 성유소불공 지유소불쟁
君命有所不受.
군명유소불수

① 길이라도 가서는 안 되는 길이 있고, ② 적군이라도 공격해서는 안 되는 적이 있으며, ③ 성이라도 공격해서는 안 되는 성이 있고, ④ 적지라도 쟁탈해서는 안 되는 곳이 있으며, ⑤ 군주의 명령이라도 받아들여서는 안 되는 것이 있다.

故將通於九變之利者 知用兵矣. 將不通於九變之者,
고장통어구변지리자 지용병의 장불통어구변지자

雖知地形 不能得地之利矣. 治兵不知九變之術
수 지 지 형 불 능 득 지 지 리 의   치 병 부 지 구 변 지 술
雖知五利 不能得人之用矣.
수 지 오 리 불 능 득 인 지 용 의

고로 장군이 구변의 이치에 통달하면 용병을 아는 것이다. 장군이 구변에 통달하지 못하면, 비록 지형을 알아도 그 지형의 이익을 얻을 수 없다. 군사를 다스리는 데 있어 구변의 전투기술을 모른다면 비록 오리를 알고 있어도, 군대의 용(군대를 효과적으로 지휘하는 것)을 얻지 못할 것이다.

화공(火攻)편에서는 화공의 방법에 대해 기술하고 있다. 화공은 사람, 적, 치중, 창고, 적 진영을 대상으로 하고, 건조하고 바람이 불 때 해야 한다고 하면서, 화공의 다섯 가지 변화에 대해 논했다. ① 불이 적진 내부에서 일어나면 곧 즉시 밖에서 호응해야 한다. ② 불이 적진에서 났음에도 적의 병사들이 소란스럽지 않고 고요하다면 이는 아군을 유인하는 것일 수도 있으니 대기하고 공격하지 말아야 하며, 그 불의 위세가 최고에 달했을 때 공격이 가능하면 공격하고, 공격이 불가능하면 중지해야 한다. ③ 불을 적진 밖에서도 불화살 같은 방화물질을 쏘거나 던져서 붙일 수 있으면 안에서 간첩 등에 의해 불이 나기를 기다리지 말고, 적절한 시간이 되면 불을 붙여라. ④ 불이 바람이 불어오는 쪽에서 일어난 경우에는 바람이 불어오는 맞은편에서 공격하지 말라. ⑤ 낮바람은 예측할 수가 있어 화공에 이용하고, 적의 지형과 사정을 몰라 적진으로 들어갈 수 없으니, 밤바람을 이용해서 화공을 해서는 안 된다. 이상이 화공의 다섯 가지 변화이다. 또한 수공(水攻)과 화공의 차이에 대해서도 수공은 화공만큼 결정적인 승패의 결과를 얻을 수 없다고 하였다.

《손자병법》 제12편 화공(火攻)편

孫子曰 凡火攻有五. 一曰火人, 二曰火敵, 三曰火輜,
손자왈 범화공유오 일왈화인 이왈화적 삼왈화치
四曰火庫, 五曰火隊. 行火必有因 煙火必素具.
사왈화고 오왈화대 행화필유인 연화필소구

손자가 말하되, 무릇 화공에는 다섯 가지가 있다. 첫 번째는 사람을 불태우는 것이고, 두 번째는 적을 불태우는 것이며, 세 번째는 치중을 불태우는 것이고, 네 번째는 적의 창고를 불태우는 것이며, 다섯 번째는 적의 부대(진영)를 불태우는 것이다. 화공을 함에는 반드시 이유가 있어야 하고, 불을 붙이는 도구는 반드시 갖추어져 있어야 한다.

發火有時 起火有日. 時者 天之燥也. 日者 月在 箕 壁 翼
발화유시 기화유일 시자 천지조야 일자 월재 기 벽 익
軫也. 凡此四宿者 風起之日也.
진야 범차사숙자 풍기지일야

불이 붙는 시간이 있고 불이 일어나는 날이 있다. 시간은 기후가 건조한 때이다. 날이란 달이 기, 벽, 익, 진[1]의 위치에 있을 때이다. 무릇 이 네 성좌는 바람이 일어나는 날이다.

1) 중국 고대의 천문학에서는 천체의 별을 모두 28개 성좌로 구분하고, 이를 동서남북으로 배정했다. 기는 동쪽, 벽은 북쪽, 익과 진은 남쪽이다.

凡火攻必因五火之變而應之 火發於內 則早應之於外.
범화공필인오화지변이응지 화발어내 즉조응지어외
火發而其兵靜者, 待而勿攻, 極其火力 可從而從之
화발이기병정자 대이물공 극기화력 가종이종지
不可從而止. 火可發於外, 無待於內, 以時發之. 火發上風
불가종이지 화가발어외 무대어내 이시발지 화발상풍
無攻下風. 晝風久 夜風止.
무공하풍 주풍구 야풍지

무릇 화공은 반드시 다섯 가지 불의 변화에 호응해야만 한다. ① 불이 (적진) 내부에서 일어나면 곧 즉시 밖에서 호응해야 한다. ② 불이 났음에도 (적의) 병사들이 고요하면 대기하고 공격하지 말아야 하며, 불이 위세가 최고에 달했을 때 공격이 가능하면 공격하고, 공격이 불가능하면 중지해야 한다. ③ 불을 (적진) 밖에서도 붙일 수 있으면 안에서 (불이 나기를) 기다리지 말고, 시간에 의해(적절한 시간이 되면) 불을 붙여라. ④ 불이 바람이 불어오는 쪽에서 일어난 경우에는 바람이 불어오는 맞은편에서 공격하지 말라. ⑤ 낮바람을 이용한 화공에는 적진으로 쫓아 들어가지만, 밤바람을 이용해 화공을 한 경우에는 적진으로 들어가지 마라.

凡軍必知五火之變, 以數守之. 故以火佐攻者明.
범 군 필 지 오 화 지 변   이 수 수 지   고 이 화 좌 공 자 명
以水佐攻者强 水可以絶 不可以奪.
이 수 좌 공 자 강   수 가 이 절   불 가 이 탈

무릇 군대는 반드시 이 다섯 가지 불의 변화를 알고, 계산을 하여 이를 지켜야 한다. 고로 화공으로써 공격을 도우면 승리는 더 확실해진다. 물로써 공격을 도우면 강하기는 하지만, (적의 병력과 지원을) 끊을 수는 있어도, 적이 지키는 바를 탈취할 수는 없다.

군수품 조달(병참)

군수품 조달 또는 병참에 관하여 손자가 강조한 것은 '현지조달'이다. 본국에서 군수품을 수송하여 병참선이 길게 늘어지는 경우는 언제나 적에 의한 병참선 차단의 위험이 존재하기 때문이었다. 적에 의해 병참선이 차단당하면 아군의 전쟁의지는 꺾이게 된다. 따라서 손자는 군수품과 식량의 현지조달을 중시했다. 몽고군이 호라즘을 정벌하기 위해 너비가 650km나 되는 키질쿰 사막을 횡단할 때, 몽고군은 가지고 간 암말의 젖을 짜서 마셨고, 암말이 힘이 없어질 때 즈음에는 말을 죽여 식량으로 삼았다. 몽골군은 보급부대나 병참선이 따로 없었기에 사막을 횡단할 수 있었고, 3차에

걸친 서방 원정은 현지에서 물과 식량 등 군수품을 모두 조달하였기에 가능한 것이었다.

《손자병법》 제2편 작전(作戰)편

善用兵者 役不再籍, 糧不三載. 取用於國, 因糧於敵,
선 용 병 자 역 불 재 적 　 량 불 삼 재 　 취 용 어 국 　 인 량 어 적
故軍食可足也.
고 군 식 가 족 야

용병을 잘하는 자는 징병을 두 번 하지 않고, 식량을 세 번 싣지 않는다. 군수품을 나라 안에서 취하지만(가져오지만), 식량을 적국에서 탈취함으로써, 고로 군량은 풍족할 수 있다.

故智將務食於敵. 食敵一鐘 當吾二十鐘, 萁秆一石
고 지 장 무 식 어 적 　 식 적 일 종 　 당 오 이 십 종 　 기 간 일 석
當吾二十石.
당 오 이 십 석

고로 지혜로운 장수는 적으로부터 식량을 탈취하는 것에 노력한다. 적의 1종[1]의 식량은 아군의 20종의 식량과 동일하고, 적의 사료(콩깍지와 볏짚) 1석[2]은 아군은 20석과 같다.

1) 종(鐘) : 중국 고대의 량의 단위이다.
2) 석(石) : 중국 고대의 무게 단위로 1석은 120근이다.

而更其旌旗 車雜而乘之, 卒善而養之. 是謂勝敵而益强.
이 경 기 정 기 　 거 잡 이 승 지 　 졸 선 이 양 지 　 시 위 승 적 이 익 강

그리하여 전차의 기를 바꾸어 달고 아군의 전차에 편입하여 그것을 타고, 포로는 우대하여 우리 편으로 만든다. 이것이 적에게 승리를 거둘수록 더 강해지는 방법이다.

지휘통신 / 편제

지휘통신 체계는 현대전에 있어 사람으로 치면 신경망과도 같아 그 중요성은 더욱더 심해졌다. 이런 이유로 현대 기동전에서 주 공격 대상은 주로 적의 지휘통신 체계(C4I)에 집중된다. 속전속결의 전략에서 적보다 빠른 템포(Tempo)를 유지하기 위해서는 지휘통신 체계가 무엇보다 중요하다. 손자가 강조한 임무형 지휘에 있어 무엇보다 중요한 것이 바로 지휘통신이다. 적 정보에 따라 아군의 기동, 아군 부대의 형태를 즉각적으로 변화시켜야 하기 때문에 지휘통신 대책이 강구되지 않는다면 즉각적인 변화를 이룰 수 없고, 결국 적 상황에 대한 한 박자 늦는 대응이 되어 적보다 빠른 템포(Tempo)를 유지할 수 없게 된다. 손자가 《손자병법》에서 기술한 지휘통신 방법이나 부대 편제에 대한 견해는 현대전에서 그 효용이 없겠지만, 이 책을 읽는 장교들이 가슴 깊숙이 새겨야 할 점은 지휘통신의 중요성을 다시 한 번 깨닫는 것이고, 또 보급된 수단에만 의지하지 말고 지휘통신을 위한 여러 대안을 항상 가지고 있어야 한다는 것이다. 현재 우리 군은 소대까지 통신장비가 보급되어 있다. 더 낮은 단위제대까지 통신장비가 보급된다면 부대를 더 세밀하게 나눈 후 작전할 수 있고, 우리의 템포(Tempo)는 빨라질 것이다.

《손자병법》 제7편 군쟁(軍爭)편

軍政曰, 言不相聞 故爲之金鼓,
군 정 왈   언 불 상 문   고 위 지 금 고

視不相見 故爲旌旗. 夫金鼓旌旗者 所以一人之耳目也.
시불상견 고위정기 부금고정기자 소이일인지이목야
人既專一 則勇者不得獨進 怯者不得獨退 此用衆之法也.
인기전일 즉용자부득독진 겁자부득독퇴 차용중지법야
故夜戰多火鼓, 晝戰多旌旗, 所以變人之耳目也.
고야전다화고 주전다정기 소이변인지이목야

군정에 이르기를, 말은 서로 들리지 않으므로 금고를 사용하고, 시야가 서로 볼 수 없으므로 정기를 사용한다. 대저 금고와 정기는 한 사람의 눈과 귀가 된다. 사람들이 하나로 전념한다면 곧 용감한 병사라도 홀로 나가지 않게 되고, 겁이 있는 자라도 홀로 퇴각할 수 없게 되니, 이것이 병력이 많은 부대를 지휘하는 방법이다. 고로 야간전투에서는 불과 북소리가 많고, 주간전투에서는 많은 정기가 있는 것이니, 이것으로써 <u>사람의 귀와 눈으로 변한다(사람의 귀와 눈의 역할로 변하는 것이다)</u>[1].

1) 많은 서적에서는 '적의 귀와 눈을 현혹한다'라고 해석하고 있다.

《손자병법》 제5편 병세(兵勢)편

孫子曰 凡治衆如寡 分數是也. 鬪衆如鬪寡 形名是也.
손자왈 범치중여과 분수시야 투중여투과 형명시야

손자가 말하되, 무릇 많은 병사들을 지휘하는 것이 (마치) 소수의 병사들을 지휘하는 것과 같은 것은, 그 수를 나누기 때문이다(나누어 편성하기 때문이다). 많은 병사들을 싸우게 하면서도 (마치) 소수의 병사들을 싸우게 하는 것과 같은 것은, 명령을 형태화시켰기 때문이다(정기, 북소리 등의 신호명령 방법을 사용하기 때문이다).

기타 전쟁 일반에 관한 《손자병법》의 기술

《손자병법》 제4편 군형(軍形)편

不可勝者 守也, 可勝者 攻也. 守則不足, 攻則有餘.
불가승자 수야 가승자 공야 수즉부족 공즉유여

이길 수 없는 자는 지키고, 이길 수 있는 자는 공격한다. 지킨다는 것은 (병력이) 부족하기 때문이고, 공격한다는 것은 즉 (병력의) 여유가 있기 때문이다.

《손자병법》 제7편 군쟁(軍爭)편

孫子曰 凡用兵之法, 將受命於君, 合軍聚衆, 交和而舍.
손자왈 범용병지법 장수명어군 합군취중 교화이사
莫難於軍爭.
막난어군쟁

손자가 말하되, 무릇 용병의 법은, 장수가 군주로부터 명을 받으면, 백성을 징병하여 군을 편성하고, 적의 군대와 대치한 채 주둔한다[1], 전쟁에서 승리를 쟁취하는 것만큼 어려운 것이 없다.

1) 交和而舍 : 交는 마주 대하는 것, 和는 軍門을 말한다.

故其疾如風 其徐如林 侵掠如火. 不動如山 難知如陰
고기질여풍 기서여림 침략여화   부동여산 난지여음
動如雷震.
동여뇌진

고로 그 신속함은 바람과 같고, 그 느림은 숲과 같으며, 침략할 때는 불과 같다. 움직이지 않음은 산과 같고, (적이 나의 정황을) 알기 어려움은 그늘(어둠)과 같으며, 움직임은 번개처럼 한다.

《손자병법》 제8편 구변(九變)편

故用兵之法 無恃其不來, 恃吾有以待之 無恃其不攻,
고용병지법 무시기불래   시오유이대지   무시기불공
恃吾有所不可攻也.
시오유소불가공야

고로 용병의 법은 (적이) 오지 않는다고 믿지 말고, 내가 이로써 (적을) 기다린다는 것을 믿고[1], 적이 공격해오지 않는다고 믿지 말고, 내가 그로써 (적이) 공격할 수 없음을 믿어라[2].

1) 적이 언제와도 대비할 수 있다는 준비태세를 믿어라.
2) 나에게 감히 공격해오지 못하는 나의 방어태세를 믿어라.

《손자병법》 제11편 구지(九地)편

故爲兵之事, 在順詳敵之意, 幷敵一向, 千里殺將.
고 위 병 지 사   재 순 상 적 지 의   병 적 일 향   천 리 살 장
是謂巧能成事者也.
시 위 교 능 성 사 자 야

고로 용병을 하는 것은, 적의 의도를 자세히 파악하여 이에 따르면서, 한 방향으로 적을 몰아(적을 사지로 몰아), 천리에 있는 적국의 장수를 죽이는 데 있다. 이것을 교묘히 능히 일을 성취한다고 하는 것이다.

Chapter 09
선승구전(先勝求戰)

손자에게 물었다.
"손자병법의 결론은 무엇입니까?"

손자가 대답했다.
"선승구전(先勝求戰)이다."
"손자병법에서 말한 모든 것을 이행한다면
적과 싸우기도 전에 이겨놓을 수 있다."

 "손자는《손자병법》제4편 군형(軍形)편에서 선승구전(先勝求戰) 사상을 기술하였다. 즉 "승자는 먼저 승리를 구해놓고 싸우고, 패자는 전쟁에 임해서 승리를 구한다"는 것이다. 선승구전(先勝求戰)의 구체적 방법론이 따로 있는 것은 아니다.《손자병법》에서 말한 모든 방법, 즉 부전승 방법, 속전속결의 방법, 오사칠계(五事七計)를 통한 지피지기(知彼知己), 적의 정보 획득과 보안, 지휘통솔, 그리고 각종 전투기술 등이 종합될 때 비로소 성취되는 것이다. 그래서 선승구전(先勝求戰) 사상은 손자가《손자병법》을 통해 말하고자 하였던 많은 것들의 마무리 또는 맺음말이라고 보면 된다.

《손자병법》제4편 군형(軍形)편

孫子曰, 昔之善戰者, 先爲不可勝, 以待敵之可勝.
손 자 왈 석 지 선 전 자 선 위 불 가 승 이 대 적 지 가 승
손자가 말하되, 옛날의 잘 싸우는 자는, 먼저 (적이) 승리할 수 없음을 만들어 놓고, (이런 상황에서) 적을 기다려서 승리하였다.

不可勝在己 可勝在敵. 故善戰者能爲不可勝,
불 가 승 재 기　가 승 재 적　고 선 전 자 능 위 불 가 승
不能使敵必可勝. 故曰 勝可知, 而不可爲.
불 능 사 적 필 가 승　고 왈　승 가 지　이 불 가 위

(적이) 이길 수 없음은 나에게 (달려) 있고, (내가) 이길 수 있음은 적에게 (달려) 있다. 고로 싸움을 잘하는 자는 (적이) 승리하지 못하도록 만들 수 있으나, 적으로 하여금 반드시 (아군이) 승리하도록 만들 수는 없다(적을 내 뜻대로 움직이게 하여 내가 승리하도록 만들기는 불가능하다). 그러므로 이르기를 (아군의) 승리(승리하는 방법)는 알 수 있지만, (적으로 하여금 내가 승리하게끔) 그렇게 만들 수는 없는 것이다.

見勝不過衆人之所知 非善之善者也. 戰勝而天下曰善
견 승 불 과 중 인 지 소 지　비 선 지 선 자 야　전 승 이 천 하 왈 선
非善之善者也. 故擧秋毫不爲多力, 見日月不爲明目,
비 선 지 선 자 야　고 거 추 호 불 위 다 력　견 일 월 불 위 명 목
聞雷霆不爲聰耳.
문 뢰 정 불 위 총 이

승리를 보는 것이 많은 사람들이 아는 바에 불과하다면, 최선의 승리가 아니다. 싸움에 이겨서 천하가 좋은 것이라 말하는 것은 최선의 승리가 아니다. 고로 짐승의 털을 드는 것을 두고 많은 힘을 썼다고 하지 않고, 해와 달을 보았다고 하여 밝은 눈이라고 하지 않으며, 천둥소리를 들었다고 밝은 귀라 하지 않는다.

古之所謂善戰者, 勝於易勝者也, 故善戰者之勝也, 無智名
고 지 소 위 선 전 자　승 어 이 승 자 야　고 선 전 자 지 승 야　무 지 명
無勇功.
무 용 공

옛날에 이른바 잘 싸우는 자는 이기기 쉬운 가운데 승리하였다(승리의 여건을 만들어 놓고 승리하였다). 그러므로 잘 싸우는 자의 승리는 지혜롭다는 명성도 없고, 용감하다는 공적도 없다.

故其戰勝不忒 不忒者 其所措必勝 勝已敗者也.
고 기 전 승 불 특　불 특 자　기 소 조 필 승　승 이 패 자 야

그러므로 그 싸움에 이김은 틀림이 없고, 틀림이 없음은 반드시 승리하도록 조

치한 바에 의한 것이며, 이미 패한 자에게 이기는 것이다.

故善戰者 立於不敗之地, 而不失敵之敗也.
고 선 전 자 입 어 불 패 지 지   이 불 실 적 지 패 야

그러므로 잘 싸우는 자는 불패의 땅에 서고, 그리하여 적의 패배를 잃지(놓치지) 않는다.

是故勝兵先勝 而後求戰, 敗兵先戰 而後求勝.
시 고 승 병 선 승   이 후 구 전   패 병 선 전   이 후 구 승

고로 승리하는 자는 먼저 승리를 하고(승리의 여건을 만든 후에), 이후에 전쟁을 구하고(전쟁에 임하고), 패배하는 자는 먼저 전쟁을 해놓고, 이후에 승리를 구한다.

故勝兵若以鎰稱銖, 敗兵若以銖稱鎰.
고 승 병 약 이 일 칭 수   패 병 약 이 수 칭 일

고로 승리하는 군대는 (무거운) 일(鎰)[1]의 무게로 (가벼운) 수(銖)를 재는 것과 같고, 패배하는 군대는 (가벼운) 수로써 (무거운) 일을 재는 것과 같다.

1) 일(鎰)의 무게는 수(銖)의 무게보다 576배 무겁다.

부록
손자병법 원문

[第1篇 始計篇]

孫子曰 兵者, 國之大事. 死生之地, 存亡之道, 不可不察也. 故經之以五, 校之以計, 而索其情, 一曰道, 二曰天, 三曰地, 四曰將, 五曰法. 道者, 令民與上同意也, 可與之死, 可與之生, 而民不畏危. 天者, 陰陽·寒暑·時制也. 地者, 遠近·險易·廣狹·死生也. 將者, 智·信·仁·勇·嚴也. 法者, 曲制·官道·主用也. 凡此五者, 將莫不聞, 知之者勝, 不知者不勝. 故校之以計, 而索其情. 曰 主孰有道, 將孰有能, 天地孰得, 法令孰行, 兵衆孰强, 士卒孰鍊, 賞罰孰明, 吾以此知勝負矣. 將聽吾計, 用之必勝, 留之. 將不聽吾計, 用之必敗, 去之. 計利以聽, 乃爲之勢, 以佐其外. 勢者, 因利而制權也.

兵者, 詭道也. 故能而示之不能 用而示之不用, 近而視之遠 遠而示之近, 利而誘之, 亂而取之, 實而備之, 强而避之, 怒而撓之, 卑而驕之, 佚而勞之, 親而離之.

攻其無備, 出其不意. 此兵家之勝, 不可先傳也. 夫未戰而廟算勝者, 得算多也. 未戰而廟算不勝者, 得算少也. 多算勝, 少算不勝, 而況於無算乎. 吾以此觀之, 勝負見矣.

[第2篇 作戰篇]

孫子曰, 凡用兵之法, 馳車千駟, 革車千乘, 帶甲十萬, 千里饋糧, 則內外之費, 賓客之用, 膠漆之材, 車甲之奉, 日費千金, 然後十萬之師擧矣. 其用戰也貴勝, 久則鈍兵挫銳, 攻城則力屈, 久暴師則國用不足. 夫鈍兵, 挫銳, 屈力, 殫貨, 則諸侯乘其弊而起. 雖有智者, 不能善其後矣. 故兵聞拙速, 未睹巧之久也. 夫兵久而國利者, 未之有也. 故不盡知用兵之害者, 則不能盡知用兵之利也.

善用兵者, 役不再籍, 糧不三載; 取用於國, 因糧於敵, 故軍食可足也. 國之貧於師者遠輸, 遠輸則百姓貧. 近於師者貴賣, 貴賣則百姓財竭, 財竭則急於丘役. 力屈財殫, 中原內虛於家. 百姓之費, 十去其七. 公家之費, 破軍罷馬, 甲冑矢弩, 戟楯蔽櫓, 丘牛大車, 十去其六. 故智將務食於敵. 食敵一鍾, 當吾二十鍾, 萁秆一石, 當吾二十石. 故殺敵者怒也, 取敵之利者貨也. 故車戰得車十乘已上, 賞其先得者. 而更其旌旗, 車雜而乘之, 卒善而養之, 是謂勝敵而益强.

故兵貴勝, 不貴久. 故知兵之將, 民之司命, 國家安危之主也.

[第3篇 謀攻篇]

孫子曰, 凡用兵之法, 全國爲上 破國次之, 全軍爲上 破軍次之, 全旅爲上 破旅次之, 全卒爲上 破卒次之, 全伍爲上 破伍次之. 是故百戰百勝, 非善之善者也. 不戰而屈人之兵, 善之善者也. 故上兵伐謀, 其次伐交, 其次伐兵, 其下攻城. 攻城之法, 爲不得已. 修櫓轒轀・具器械, 三月而後成, 距闉, 又三月而後已. 將不勝其忿, 而蟻附之, 殺士三分之一, 而城不拔者, 此攻之災. 故善用兵者, 屈人之兵而非戰也. 拔人之城而非攻也, 破人之國而非久也, 必以全爭於天下, 故兵不頓, 而利可全, 此謀攻之法也. 故用兵之法, 十則圍之, 五則攻之, 倍則分之, 敵則能戰之, 少則能逃之, 不若則能避之. 故小敵之堅, 大敵之擒也.

夫將者, 國之輔也. 輔周則國必强, 輔隙則國必弱. 故君之所以患於軍者三, 不知軍之不可以進而謂之進, 不知軍之不可以退而謂之退, 是爲縻軍. 不知三軍之事, 而同三軍之政者, 則軍士惑矣; 不知三軍之權, 而同三軍之任, 則軍士疑矣. 三軍既惑且疑, 則諸侯之難至矣, 是謂亂軍引勝.

故知勝有五; 知可以戰, 與不可以戰者勝, 識衆寡之用者勝, 上下同欲者勝, 以虞待不虞者勝, 將能而君不御者勝. 此五者, 知勝之道也. 故曰, 知彼知己 百戰不殆. 不知彼而知己, 一勝一負. 不知彼不知己 每戰必殆.

[第4篇 軍形篇]

　孫子曰, 昔之善戰者, 先爲不可勝, 以侍敵之可勝. 不可勝在己, 可勝在敵. 故善戰者, 能爲不可勝, 不能使敵必可勝. 故曰, 勝可知, 而不可爲. 不可勝者 守也, 可勝者 攻也. 守則不足, 攻則有餘. 善守者 藏於九地之下, 善攻者 動於九天之上. 故能自保而全勝也. 見勝不過衆人之所知, 非善之善者也. 戰勝而天下曰善, 非善之善者也. 故擧秋毫不爲多力, 見日月不爲明目, 聞雷霆不爲聰耳. 古之所謂善戰者勝, 勝易勝者也. 故善戰者之勝也, 無智名, 無勇功. 故其戰勝不忒, 不忒者, 其所措必勝, 勝已敗者也. 故善戰者, 立於不敗之地, 而不失敵之敗也. 是故勝兵先勝而後求戰, 敗兵先戰而後求勝. 善用兵者, 修道而保法, 故能爲勝敗之政.

　兵法; 一曰度, 二曰量, 三曰數, 四曰稱, 五曰勝. 地生度, 度生量, 量生數, 數生稱, 稱生勝. 故勝兵若以鎰稱銖, 敗兵若以銖稱鎰.

　勝者之戰民也, 若決積水於千仞之谿者, 形也.

[第5篇 兵勢篇]

　孫子曰, 凡治衆如治寡, 分數是也. 鬪衆如鬪寡, 形名是也. 三軍之衆, 可使必受敵而無敗者, 奇正是也. 兵之所加, 如以碬投卵者, 虛實是也.

　凡戰者, 以正合, 以奇勝. 故善出奇者, 無窮如天地, 不竭如江河. 終而復始, 日月是也. 死而復生, 四時是也. 聲不過五,五聲之變, 不可勝聽也. 色不過五, 五色之變, 不可勝觀也. 味不過五, 五味之變, 不可勝嘗也. 戰勢不過奇正, 奇正之變, 不可勝窮也. 奇正相生, 如循環之無端, 孰能窮之哉.

激水之疾, 至於漂石者, 勢也. 鷙鳥之疾, 至於毀折者, 節也. 是故善戰者, 其勢險, 其節短. 勢如彍弩, 節如發機.

紛紛紜紜, 鬪亂而不可亂也. 渾渾沌沌, 形圓而不可敗也.

亂生於治, 怯生於勇, 弱生於彊. 治亂 數也, 勇怯 勢也, 強弱 形也.

故善動敵者, 形之, 敵必從之. 予之, 敵必取之. 以利動之, 以卒待之. 故善戰者, 求之於勢, 不責於人, 故能擇人而任勢. 任勢者, 其戰人也, 如轉木石. 木石之性, 安則靜, 危則動, 方則止, 圓則行. 故善戰人之勢, 如轉圓石於千仞之山者, 勢也.

[第6篇 虛實篇]

孫子曰, 凡先處戰地而待敵者佚, 後處戰地而趨戰者勞. 故善戰者 致人而不致於人. 能使敵人自至者, 利之也. 能使敵人不得至者, 害之也. 故敵佚能勞之, 飽能飢之, 安能動之.

出其所必趨, 趨其所不意. 行千里而不勞者, 行於無人之地也. 攻而必取者, 攻其所不守也. 守而必固者, 守其所不攻也. 故善攻者, 敵不知其所守. 善守者, 敵不知其所攻. 微乎微乎, 至於無形, 神乎神乎, 至於無聲, 故能爲敵之司命. 進而不可禦者, 衝其虛也. 退而不可追者, 速而不可及也. 故我欲戰, 敵雖高壘深溝, 不得不與我戰者, 攻其所必救也. 我不欲戰, 畫地而守之, 敵不得與我戰者, 乖其所之也.

故形人而我無形, 則我專而敵分. 我專爲一, 敵分爲十, 是以十功其一也, 則我衆而敵寡. 能以衆擊寡者, 則吾之所與戰者 約矣. 吾所與戰之地不可知, 不可知則敵所備者多. 敵所備者多, 則吾之所戰者寡矣. 故備前則後寡, 備後則前寡, 備左則右寡, 備右則左寡, 無所不備, 則無所不寡. 寡者 備人者也, 衆者 使人備己者也. 故知戰之地, 知戰之日, 則可千里而會戰. 不知戰地, 不知戰日, 則左不能救右, 右不能救左, 前不能救後, 後不能救前, 而況遠者數十里, 近者數里乎. 以吾度之, 越人之兵雖多, 亦奚益於勝敗哉. 故曰, 勝可爲也. 敵雖衆, 可使無鬪.

故策之而知得失之計, 作之而知動靜之理, 形之而知死生之地, 角之而知有餘不足之處. 故形兵之極, 至於無形. 無形則深間不能窺, 智者不能謀. 因形而錯勝於衆, 衆不能知. 人皆知我所以勝之形, 而莫知吾所以制勝之形. 故其戰勝不復, 而應形於無窮.

夫兵形象水, 水之行, 避高而趨下. 兵之形, 避實而擊虛, 水因地而制流, 兵因敵而制勝. 故兵無常勢, 水無常形. 能因敵變化而取勝者, 謂之神. 故五行無常勝, 四時無常位, 日有短長, 月有死生.

[第7篇 軍爭篇]

孫子曰, 凡用兵之法, 將受命於君, 合軍聚衆, 交和而舍, 莫難於軍爭. 軍爭之難者, 以迂爲直, 以患爲利. 故迂其途, 而誘之以利, 後人發 先人至, 此知迂直之計者也.

故軍爭爲利, 軍爭爲危. 擧軍而爭利, 則不及; 委軍而爭利, 則輜重捐. 是故卷甲而趨, 日夜不處, 倍道兼行, 百里而爭利, 則擒三將軍, 勁者先, 罷者後, 其法十一而至. 五十里而爭利, 則蹶上將軍, 其法半至. 三十里而爭利, 則三分之二至. 是故軍無輜重則亡, 無糧食則亡, 無委積則亡.

故不知諸侯之謀者, 不能豫交. 不知山林·險阻·沮澤之形者, 不能行軍. 不用鄕導者, 不能得地利. 故兵以詐立, 以利動, 以分合爲變者也. 故其疾如風, 其徐如林, 侵掠如火, 不動如山, 難知如陰, 動如雷霆.

掠鄕分衆, 廓地分利, 懸權而動. 先知迂直之計者, 勝此軍爭之法也. 軍政曰, 言不相聞, 故爲鼓金鼓. 視不相見, 故爲旌旗. 夫金鼓旌旗者, 所以一民之耳目也. 人旣專一, 則勇者不得獨進, 怯者不得獨退, 此用衆之法也. 故夜戰多火鼓, 晝戰多旌旗, 所以變人之耳目也.

故三軍可奪氣, 將軍可奪心. 是故朝氣銳, 晝氣惰, 暮氣歸. 故善用兵者, 避其銳氣, 擊其惰歸, 此治氣者也. 以治待亂, 以靜待譁, 此治心者也. 以近待遠, 以佚待勞, 以飽待饑, 此治力者也. 無邀正正之旗, 勿擊堂堂之陣, 此治變者也.

[第8篇 九變篇]

孫子曰, 凡用兵之法, 高陵勿向, 背邱勿逆, 佯北勿從, 銳卒勿攻, 餌兵勿食, 歸師勿遏, 圍師必闕, 窮寇勿迫, 絶地無留. 塗有所不由, 軍有所不擊, 城有所不攻, 地有所不爭, 君命有所不受. 故將通於九變之利者, 知用兵矣. 將不通於九變之者, 雖知地形, 不能得地之利矣. 治兵不知九變之術, 雖知五利, 不能得人之用矣.

是故智者之慮, 必雜於利害. 雜於利而務可信也. 雜於害而患可解也. 是故屈諸侯者 以害, 役諸侯者 以業, 趨諸侯者 以利. 故用兵之法, 無恃其不來, 恃吾有以待也; 無恃其不攻, 恃吾有所不可攻也.

故將有五危. 必死可殺, 必生可虜, 忿速可侮, 廉潔可辱, 愛民可煩. 凡此五危, 將之過也, 用兵之災也. 覆軍殺將, 必以五危, 不可不察也.

[第9篇 行軍篇]

孫子曰, 凡處軍相敵, 絶山依谷, 視生處高, 戰隆無登, 此處山之軍也. 絶水必遠水. 敵絶水而來, 勿迎之於水內, 令半濟而擊之利. 欲戰者, 無附於水而迎客, 視生處高, 無迎水流, 此處水上之軍也. 絶斥澤, 惟亟去無留; 若交軍於斥澤之中, 必依水草, 而背衆樹, 此處斥澤之軍也. 平陸處易, 右背高, 前死後生, 此處平陸之軍也. 凡此四軍之利, 黃帝之所以勝四帝也.

凡軍好高而惡下, 貴陽而賤陰, 養生而處實, 軍無百疾, 是謂必勝. 邱陵隄防, 必處其陽而右背之, 此兵之利, 地之助也. 上雨水沫至, 欲涉者, 待其定也. 凡地有 絶澗・天井・天牢・天羅・天陷・天隙, 必亟去之, 勿近也. 吾遠之, 敵近之. 吾迎之, 敵背之. 軍旁有險阻・潢井・葭葦・林木・翳薈者, 必謹覆索之, 此伏姦之所也. 敵近而靜者, 恃其險也. 遠而挑戰者, 欲人之進也. 其所居易者 利也. 衆樹動者, 來也. 衆草多障者, 疑也. 鳥起者, 伏也. 獸駭者, 覆也. 塵高而銳者, 車來也. 卑而廣者, 徒來也. 散而條達者, 樵採也. 少而往來者, 營軍也. 辭卑而益備者, 進也. 辭詭而强進驅者, 退也. 輕車先出居其側者, 陳也. 無約而請和者, 謀也. 奔走而陳兵車者, 期也. 半進半退者, 誘也. 仗而立者, 飢也. 汲而先飮者, 渴也. 見利而不進者, 勞也. 鳥集者, 虛也. 夜呼者, 恐也. 軍擾者, 將不重也. 旌旗動者, 亂也. 吏怒者, 倦也. 殺馬肉食者, 軍無糧也, 懸瓿不返其舍者, 窮寇也. 諄諄翕翕, 徐與人言者, 失衆也. 數賞者, 窘也. 數罰者, 困也. 先暴而後畏其衆者, 不精之至也. 來委謝者, 欲休息也. 兵怒而相迎, 久而不合, 又不相去, 必謹察之.

兵非益多也. 惟無武進, 足以幷力料敵, 取人而已. 夫惟無慮而易敵者, 必擒於人. 卒未親附而罰之, 則不服, 不服則難用也. 卒已親附而罰不行, 則不可用也. 故令之以文, 齊之以武, 是謂必取. 令素行以敎其民, 則民服. 令不素行以敎其民, 則民不服. 令素行者, 與衆相得也.

[第10篇 地形篇]

孫子曰, 地形 有通者, 有挂者, 有支者, 有隘者, 有險者, 有遠者. 我可以往, 彼可以來, 曰通. 通形者, 先居高陽, 利糧道以戰, 則利. 可以往, 難以返, 曰挂. 挂形者, 敵無備, 出而勝之, 敵若有備, 出而不勝, 難以返, 不利. 我出而不利, 彼出而不利, 曰支. 支形者, 敵雖利我, 我無出也, 引而去之, 令敵半出而擊之 利. 隘形者, 我先居之, 必盈之以待敵. 若敵先居之, 盈而勿從, 不盈而從之. 險形者, 我先居之, 必居高陽以待敵. 若敵先居之, 引而去之, 勿從也. 遠形者, 勢均, 難以挑戰, 戰而不利. 凡此六者, 地之道也. 將之至任, 不可不察也.

故兵有走者, 有弛者, 有陷者, 有崩者, 有亂者, 有北者. 凡此六者, 非天地之災, 將之過也. 夫勢均, 以一擊十 曰走. 卒強吏弱 曰弛. 吏強卒弱 曰陷. 大吏怒而不服, 遇敵懟而自戰, 將不知其能 曰崩. 將弱不嚴, 教道不明, 吏卒無常, 陳兵縱橫 曰亂. 將不能料敵, 以少合衆, 以弱擊強, 兵無選鋒 曰北. 凡此六者, 敗之道也, 將之至任, 不可不察也.

夫地形者, 兵之助也. 料敵制勝, 計險厄遠近, 上將之道也. 知此而用戰者 必勝. 不知此而用戰者必敗. 故戰道必勝, 主曰無戰, 必戰可也. 戰道不勝, 主曰必戰, 無戰可也. 故進不求名, 退不避罪, 惟民是保, 而利合於主, 國之寶也.

視卒如嬰兒, 故可與之赴深谿; 視卒如愛子, 故可與之俱死. 厚而不能使, 愛而不能令, 亂而不能治, 譬與驕子, 不可用也.

知吾卒之可以擊, 而不知敵之不可擊, 勝之半也. 知敵之可擊, 而不知吾卒之不可以擊, 勝之半也. 知敵之可擊, 知吾卒之可以擊, 而不知地形之不可以戰, 勝之半也. 故知兵者, 動而不迷, 舉而不窮. 故曰, 知彼知己, 勝乃不殆. 知地知天, 勝乃可全.

[第11篇 九地篇]

孫子曰, 用兵之法, 有散地, 有輕地, 有爭地, 有交地, 有衢地, 有重地, 有圮地, 有圍地, 有死地. 諸侯自戰其地者, 爲散地. 入人之地而不深者, 爲輕地. 我得則利, 彼得亦利者, 爲爭地. 我可以往, 彼可以來者, 爲交地. 諸侯之地三屬, 先至而得天下之衆者, 爲衢地. 入人之地深, 背城邑多者, 爲重地. 山林・險阻・沮澤, 凡難行之道者, 爲圮地. 所由入者隘, 所從歸者迂, 彼寡可以擊吾之衆者, 爲圍地. 疾戰則存, 不疾戰則亡者, 爲死地. 是故散地則無戰, 輕地則無止, 爭地則無攻, 交地則無絶, 衢地則合交, 重地則掠, 圮地則行, 圍地則謀, 死地則戰.

所謂古之善用兵者, 能使敵人前後不相及, 衆寡不相恃, 貴賤不相救, 上下不相收, 卒離而不集, 兵合而不齊, 合於利而動, 不合於利而止. 敢問, 敵衆整而將來, 待之若何. 曰, 先奪其所愛, 則聽矣. 兵之情主速, 乘人之不及, 由不虞之道, 攻其所不戒也.

凡爲客之道; 深入則專, 主人不克. 掠於饒野, 三軍足食. 謹養而勿勞, 併氣積力, 運兵計謀, 爲不可測. 投之無所往, 死且不北. 死焉不得, 士人盡力. 兵士甚陷則不懼, 無所往則固,入深則拘, 不得已則鬪. 是故, 其兵不修而戒, 不求而得, 不約而親, 不令而信. 禁祥去疑, 至死無所之. 吾士無餘財, 非惡貨也; 無餘命, 非惡壽也. 令發之日, 士卒坐者涕霑襟, 偃臥者淚交頤. 投之無所往, 諸劌之勇也.

故善用兵者, 譬如率然. 率然者 常山之蛇也. 擊其首則尾至, 擊其尾則首至, 擊其中則首尾俱至. 敢問, 兵可使如率然乎. 曰 可. 夫吳人與越人相惡也, 當其同舟而濟遇風, 其相救也如左右手. 是故, 方馬埋輪, 未足恃也. 齊勇若一, 政之道也. 剛柔皆得, 地之理也. 故善用兵者, 攜手若使一人, 不得已也. 將軍之事 靜以幽, 正以治.

能愚士卒之耳目, 使之無知. 易其事 革其謀, 使人無識易其居, 迂其途, 使人不得慮. 帥與之期, 如登高而去其梯. 帥與之深入諸侯之地, 而發其機, 焚舟破釜, 若驅群羊, 驅而往, 驅而來, 莫知所之. 聚三軍之衆, 投之於險, 此謂將軍之事也. 九地之變, 屈伸之利, 人情之理, 不可不察也.

凡爲客之道, 深則專, 淺則散. 去國越境而師者 絶地也. 四達者 衢地也. 入深者 重地也. 入淺者 輕地也. 背固前隘者 圍地也. 無所往者 死地也. 是故, 散地 吾將一其志. 輕地 吾將使之屬. 爭地 吾將趨其後. 交地 吾將謹其守. 衢地 吾將固其結. 重地 吾將繼其食. 圮地 吾將進其塗. 圍地 吾將塞其闕. 死地 吾將示之以不活. 故兵之情, 圍則禦, 不得已則鬪, 過則從.

是故不知諸侯之謀者, 不能預交. 不知山林·險阻·沮澤之形者, 不能行軍. 不用鄕導者, 不能得地利. 四五者 不知一,非霸王之兵也. 夫霸王之兵, 伐大國, 則其衆不得聚; 威加於敵, 則其交不得合. 是故不爭天下之交, 不養天下之權, 信己之私, 威加於敵, 故其城可拔, 其國可隳. 施無法之賞, 懸無政之令, 犯三軍之衆, 若使一人. 犯之以事, 勿告以言. 犯之以利, 勿告以害. 投之亡地 然後存, 陷之死地 然後生. 夫衆陷於害, 然後能爲勝敗.

故爲兵之事, 在於順詳敵之意, 幷敵一向, 千里殺將, 是謂巧能成事者也. 是故政擧之日, 夷關折符, 無通其使, 勵於廊廟之上, 以誅其事. 敵人開闔, 必亟入之, 先其所愛, 微與之期, 踐墨隨敵, 以決戰事. 是故始如處女, 敵人開戶, 後如脫兔, 敵不及拒.

[第12篇 火攻篇]

孫子曰, 凡火攻有五. 一曰火人, 二曰火積, 三曰火輜, 四曰火庫, 五曰火隊. 行火必有因, 煙火必素具. 發火有時, 起火有日. 時者, 天之燥也. 日者, 月在箕·壁·翼·軫也. 凡此四宿者, 風起之日也.

凡火攻, 必因五火之變而應之. 火發於內, 則早應之於外. 火發而其兵靜者, 待而勿攻. 極其火力, 可從而從之, 不可從而止. 火可發於外, 無待於內, 以時發之. 火發上風, 無攻下風. 晝風久, 夜風止. 凡軍必知有五火之變, 以數守之. 故以火佐攻者明, 以水佐攻者强. 水可以絶, 不可以奪.

夫戰勝攻取, 而不修其功者凶, 命曰 費留. 故曰 明主慮之,良將修之. 非利不動, 非得不用, 非危不戰. 主不可以怒而興師, 將不可以慍而致戰. 合於利而動, 不合於利而止. 怒可以復喜, 慍可以復悅, 亡國不可以復存, 死者不可以復生. 故曰明君愼之, 良將警之. 此安國全軍之道也.

[第13篇 用間篇]

孫子曰, 凡興師十萬, 出征千里, 百姓之費, 公家之奉, 日費千金. 內外騷動, 怠於道路, 不得操事者, 七十萬家. 相守數年, 以爭一日之勝, 而愛爵祿百金, 不知敵之情者, 不仁之至也. 非人之將也, 非主之佐也, 非勝之主也. 故明君賢將, 所以動而勝人, 成功出於衆者, 先知也. 先知者, 不可取於鬼神, 不可象於事, 不可驗於度. 必取於人, 知敵之情者也.

故用間有五; 有鄕間, 有內間, 有反間, 有死間, 有生間. 五間俱起, 莫知其道, 是謂神紀, 人君之寶也. 鄕間者, 因其鄕人而用之. 內間者, 因其官人而用之. 反間者, 因其敵間而用之. 死間者, 爲誑事於外, 令吾間知之, 而傳於敵也. 生間者, 反報也.

故三軍之事, 莫親於間. 賞莫厚於間, 事莫密於間. 非聖智不能用間, 非仁義不能使間, 非微妙不能得間之實. 微哉微哉, 無所不用間也. 間事未發而先聞者, 間與所告者皆死. 凡軍之所欲擊, 城之所欲攻, 人之所欲殺, 必先知其守將・左右・謁者・門者・舍人之姓名, 令吾間必索知之.

必索敵人之間來間我者, 因而利之, 導而舍之, 故反間可得而用也. 因是而知之, 故鄕間內間可得而使也. 因是而知之, 故死間爲誑事, 可使告敵; 因是而知之, 故生間可使如期. 五間之事, 主必知之, 知之必在於反間, 故反間不可不厚也.

昔殷之興也, 伊摯在夏; 周之興也, 呂牙在殷. 故惟明君賢將, 能以上智爲間者, 必成大功. 此兵之要, 三軍之所恃而動也.